ZE ZEGGEN DAT IK NIET DANSEN KAN

Atty Van Gijn

Ze zeggen dat ik niet dansen kan

Vita

Feministische Uitgeverij VITA, Amsterdam 1993

Drukwerk: Krips Repro b.v., Meppel

CIP-GEGEVENS KONINKLIJKE BIBLIOTHEEK,
DEN HAAG

Gijn, Atty van

Ze zeggen dat ik niet dansen kan / Atty van Gijn.-
Amsterdam : Feministische Uitgeverij VITA
ISBN 90-5071-127-8
NUGI 300
Trefw.: romans ; oorspronkelijk.

Voor Carolien, Marjolein en Laura

Tunis, eerste jaar

'Mon Dieu,' zuchtte Simone. Ze hees zich op wat voortaan mijn bureau zou zijn en graaide door haar grijze haar. 'Ik wilde hier weg. Maar toen ik hoorde dat jij kwam dacht ik, ik wacht die Hollandse even af, misschien is het iets.' In haar stem klonk verwijt maar in haar ogen kierde medelijden.

Ik ontweek haar blik en keek door het getraliede raam achter haar naar het zachtwiegen van de palmtoppen in de tuin voor het tehuis. Het was een oud paleis van de Bey van Tunis. Brokstukken marmer en antiek tegelwerk herinnerden aan vergane glorie. Het lag een paar kilometer buiten de stad, omgeven door uitgestrekte sinaasappelboomgaarden, aan het oog onttrokken door witte muren met prikkeldraad. Een poort met zware deuren gaf toegang tot de oprijlaan. Donkere cypressen omzoomden de tuin en deden het huis witter lijken, terwijl het blauw van houtwerk en tralies lichter leek dan de lucht.

Mijn kamer had een hoog plafond. Maar waar je kroonluchters zou verwachten, hing een enkel peertje aan een draad. Van de muren bladderde pleisterwerk. De ruimte was vrijwel leeg. In een hoek stond een oude keukenstoel. Verder was er alleen mijn stoel en het bureau waarop Simone nu zwijgend achterover leunde.

Ik was niets, begreep ik. Te jong, ik sprak geen Arabisch en wie weet wat er verder mis aan mij was. Ik slikte en dacht aan de laatste maanden in Nederland. Overal was ik geweest. Tot op het ministerie van buitenlandse zaken toe.

'Hoe oud bent u?'

'Eenentwintig.'

'U hebt in Frankrijk een aantekening kinderbescherming gehaald. Waarom daar?'

'Dat was goed voor mijn Frans.'

Ze hadden er niets mee te maken dat ik na mijn eindexamen van huis wilde. Een paar van mijn vriendinnen gingen au pair. Maar een gezin had me lang genoeg beklemd.

'Als je maar volhoudt,' zei mijn vader, 'ik houd niet van mensen die zaken half afmaken.'

Ik hield vol. Ook al ging ik in het Noordfranse provinciestadje bijna ten onder en leerde ik er voorgoed dat het Franse volk niet alleen dichters en denkers voortbrengt. Op school had ik dat zo begrepen.

De ambtenaren van het ministerie knikten. 'U spreekt Frans, dat is altijd meegenomen. We zetten uw gegevens in onze kaartenbak. U hoort van ons.'

Ik begreep dat het onderhoud beëindigd was. Ik liep naar de deur. Keken ze elkaar aan? Lachten ze?

'Ik heb wat voor u,' zei de man van de laatste organisatie die ik nog bedenken kon. 'Een contract voor drie jaar, een tehuis voor delinquente meisjes in Tunis.'

Ik schrok. Tunis. Ik had gedroomd van een leuk exotisch land. India of Indonesië, in elk geval een land waar je mee voor de dag kon komen. Maar Tunis. Waar lag Tunis en hoe delinquent was delinquent? Arabische meisjes, kon dat? Hoe kon je delinquent worden achter zo'n sluier, opgesloten in een huis? Misschien waren het gifmengsters, hadden ze hun man vermoord.

'Hoe oud?'

'Twaalf tot achttien jaar, de leeftijd van het kinderstrafrecht.'

Achttien jaar. Ik was éénentwintig. Dat kon niet. Ik was te jong, zag die man dat dan niet?

'Met uw opleiding en uw kennis van het Frans zou dit heel geschikt kunnen zijn.'

Simone leunde nog steeds in dezelfde houding achterover. Haar ogen keken nu meewarig op me neer. Dan was de directrice beter te verdragen geweest. In haar gerestaureerde kamer op de eerste verdieping had ze me koel opgenomen toen ze tegen Simone zei: 'Ze sturen ons alleen waar ze zelf geen raad mee weten. U ziet maar wat u met haar doet.'

'Ze hadden jou nooit mogen uitzenden,' zei Simone. 'Zo jong en zo onvoorbereid.'

'Ik heb in Frankrijk in een kindertehuis gewerkt.'

'Het is hier geen kindertehuis. Het is hier een gekkenhuis.' Nijdig trommelde ze op mijn bureau.

Door de ramen van de vertrekhal had ik regelmatig staan kijken naar de sneeuwschuivers op de startbaan. Intussen slenterde ik langs de winkeltjes achter de douane, rook aan parfums, kocht een lippenstift die paste bij mijn nieuwe jurk en wachtte tot eindelijk mijn vliegtuig mocht opstijgen. Ontelbare malen had ik al op een van de vele klokken gekeken, maar de wijzers kropen en de datum bleef steeds dezelfde: 13 januari 1969.

De man van de organisatie had allang afscheid genomen. Hij gaf me een brief voor zijn collega in Tunis, een Fransman, een zekere Jean en een pakje voor de andere Nederlander die er voor de organisatie werkte. Zelf kreeg ik vaderlijke vermaningen en een Engels boek met opstellen over ontwikkelingshulp. De vermaningen kende ik al en ook het boek. Toen de man weg was, legde ik het stiekem in een vensterbank en hoopte dat iemand er blij mee zou zijn.

Mijn vliegtuig vertrok met drie uur vertraging. In Rome miste ik de aansluiting naar Tunis. Aan de balie van de luchtvaartmaatschappij kreeg ik bonnen voor taxi, hotel en maaltijden.

Ik had nog nooit in zo'n luxe hotel gezeten. Een eigen badkamer en een telefoon naast mijn bed. Ik probeerde het leuk te vinden. Een dag in Rome! Maar ik had pijn in mijn buik en voelde me in een soort luchtledig. Teruggaan wilde ik niet, verdergaan evenmin.

De volgende middag at ik in een grote eetzaal met spiegels en houten lambrizering. Op een groep Engelse meisjes na, die aan een lange tafel zaten met een juf aan het hoofd, was de zaal leeg. Ze wierpen voortdurend steelse blikken op mij zodat de afstand tussen ons steeds groter werd en de zaal leek te gaan golven. Een wijde zee waarop mijn tafeltje dwaas ronddobberde als een bootje, losgeslagen van het moederschip.

Tegen de avond bracht een taxi me terug naar het vliegveld. Er reed een andere hotelgast mee, een Ghanees. Hij beschikte over een diplomatiek paspoort en vriendelijk bezorgd loodste hij me door alle controles en bracht me tot onderaan de vliegtuigtrap.

'Gaat u zo helemaal alleen op vakantie?'

'Ik ga werken. Ontwikkelingswerk in een tehuis voor delinquente meisjes.'

Hij keek me aan alsof hij me toen pas opmerkte en ik zag ergernis groeien in zijn ogen.

'Dat zal niet meevallen.'

'Och...'

Ik zwaaide hem na tot hij heel klein geworden was en dacht aan het boek in de vensterbank. Ik had het hem kunnen geven.

De hele vlucht had ik pijn in mijn buik. Het ging pas over toen het vliegtuig landde. Nu kon ik handelen. Maar dat hoefde niet. In het gedrang van alleen maar mannen, de meesten met een soort donkerbruine jurk aan, werd ik plotseling bij mijn arm en vervolgens bij mijn schouders gepakt. Een blonde man monsterde me van top tot teen en zei in vertrouwd Nederlands: 'Wat moet jij hier nou?' Het klonk niet erg uitnodigend, maar opgelucht staarde ik in zijn blauwe ogen waarin plotseling lichtjes twinkelden.

'Ik dacht dat je een oude juffrouw zou zijn, zo'n opvoedkundige met een knotje. Had je niet even een telegram kunnen sturen? Nu ben ik drie keer op en neer geweest naar het vliegveld. Niet dat dat erg is maar Jean maakte zich ongerust. Ik dacht nog, zo'n mens loopt niet in zeven sloten tegelijk maar nu je zo'n meisje bent...'

'Judith,' zei ik. 'Ik heb een pakje voor je.'

Hij liet mijn schouders los en stak zijn hand uit. 'Job. Welkom. Je logeert voorlopig bij ons. Dineke heeft een taart voor je gebakken en Wouter zeurt al uren wanneer je nu eindelijk eens komt.'

De volgende morgen nam Job me mee naar het kantoor van de organisatie. Jean begroette me formeel maar de ogen van Claire, zijn secretaresse, straalden. 'Eindelijk iemand van mijn leeftijd.' In rap Frans ratelde ze daarna aan één stuk door. Ze kwam uit Zwitserland, was de jongste van vijf zusjes en zat hier nu al drie maanden. Ze zou me wel wegwijs maken.

'Je moet deze week nog maar gebruiken om te acclimatiseren en de stad te verkennen,' zei Jean, 'dan kun je volgende week beginnen.'

'Volgende week beginnen,' stotterde ik, 'ik zou toch eerst een stoomcursus Arabisch krijgen?'

Maar daar had Jean nog nooit van gehoord.

'Trouwens, er werkt daar een Française, die helpt je wel op weg.'

Simone gleed van mijn bureau. 'Ik zal je de rest van het huis laten zien.'

We liepen door het voorhuis, langs de administratie en via de eetzaal naar een binnenplaats. Onder één van de trappen naar de galerij zag ik een lage deur met een getralied raam. Daarachter was een hok van nauwelijks twee vierkante meter. Op de grond lag stro.

'Het cachot,' zei Simone. 'Er zit vandaag niemand in.'

Met korte, stevige passen stak ze de binnenplaats over en ging een donkere, bedompte keuken binnen. Nauwelijks waren we daar of Simone greep een klein mensje bij haar schouders en schudde haar door elkaar. Het vrouwtje liet van schrik de lepel vallen waarmee ze in een grote kookpot roerde die op gasbranders op de grond stond.

'Mon Dieu,' beet Simone haar toe, 'hoe vaak moet ik het nu nog zeggen?' Boos wees ze in de richting van een meisje dat bij het aanrecht groenten stond te snijden.

'Jij bent hier de baas niet,' kraste het mensje, 'en ze helpt goed.'

'Maar ze heeft tb,' kreunde Simone, 'mon Dieu, we hoeven toch niet allemaal besmet?'

In één van de kale kamers, boven aan de galerij, stond een magere vrouw bedden recht te trekken. Op goed geluk was ik de trap opgegaan. Simone had ik tierend in de keuken achtergelaten. De vrouw glimlachte en kwam naar me toe. 'Sahara,' zei ze, 'ik help hier.' Ze stotterde een beetje en wees verlegen om zich heen. 'Eigenlijk moeten de meisjes dit zelf doen maar de meesten zijn geen bedden gewend. Daarom loop ik hun kamers altijd even na en controleer dan meteen de kasten. Ze hebben allemaal een eigen plank.'

Ik keek naar de stapeltjes oude verstelde lappen.

'Nachtjaponnen,' zei Sahara, 'en onderbroeken van oude lakens. Er zijn er te weinig. Alleen meisjes die ongesteld zijn krijgen er een.'

Terwijl ik op de eerste verdieping van het voorhuis de deur van het lokaal zachtjes achter me sloot en op mijn tenen naar de lerares liep, bleef het doodstil in de rijen achter de trapnaaimachines. Nieuwsgierig keek ik rond. Alle meisjes droegen eenzelfde donkerbruine jurk. Ze keken verwonderd naar me op.

'Ze spreken alleen Arabisch,' zei de lerares.

Ik knipoogde naar alle vragende gezichten. Zomaar, een onschuldige, minieme beweging. Maar als ik plotseling met pepernoten was gaan strooien had ik geen groter tumult kunnen veroorzaken. Knipperend met twee ogen, zoals kleine kinderen doen, begonnen ze te giechelen en te schreeuwen. Sommigen lieten hun werk vallen en liepen weg vanachter hun tafel.

'Comment vous appelez,' vroeg een stevig dikkertje dat gedecideerd op me afstapte. 'Moi, je m'appèle Hedia. Moi, je parle français, un peu.'

Ik keek verschrikt naar de lerares maar de plotselinge wanorde leek haar niet te storen. Ook zij trok haar gezicht in vreemde plooien en schaterde.

'Judith,' zei ik tegen Hedia.

'Er is nog een meisje dat Frans spreekt,' zei Hedia onverstoord, 'ze zit in de borduurklas. Ze heet Rafika.'

In een hoek van het tweede lokaal lag een stapel linnen graanzakken van de Amerikaanse voedselhulp. De lerares liet ze door haar handen glijden. 'Die bleken we net zolang tot je het hulpembleem met de in elkaar gestoken handen niet meer ziet.'

Ik zag smetteloos wit linnen strak gespannen over ronde borduurramen. Vlugge vingers bewogen fijne naalden met kleurige draden. Donkere hoofden keken vluchtig naar me op. Ik durfde geen enkel gebaar te maken.

'Wie is Rafika?,' fluisterde ik.

De lerares knikte naar een lang meisje met wilde krullen dat bij het venster zat.

De ruimte waar de meisjes tapijten leerden weven, lag recht boven mijn kamer. Stil achter mijn bureau kon ik het regelmatige slaan horen van de rinkelende kammen op het weefsel. Twee aan twee zaten ze op banken achter een groot getouw en lieten de spoel van de een naar de ander schieten. Zware ijzeren kammen versierd met belletjes zorgden ervoor dat het weefsel aansloot.

'Ik zag meisjes die me jonger leken dan twaalf,' zei ik tegen Simone die, namopperend over de kookster, mijn kamer binnenkwam.

'Er zijn er van acht. Kinderen waar niemand raad mee weet. Ze zitten voor moord.'

'Moord!?'

'Kindermoord. Arme gezinnen op het platteland sturen hun dochters zodra ze een jaar of zes zijn naar Tunis. Ze helpen bij rijke families in de huishouding en passen op de jongste kinderen. Vaak worden ze misbruikt. Ze raken overspannen en een blèrende baby kan ze dan net te veel worden. Zo heeft er eens één een kind met een schoen bewerkt, een ander de baby uit het raam gegooid.'

Ik slikte. 'En de ouderen, waar zitten die voor?'

'Diefstal, landloperij, prostitutie. Meestal niet wat wij prostitutie noemen, maar meisjes die een vriendje hebben of daarvan verdacht worden. Hoewel, een paar echte hoertjes zitten d'r ook wel tussen.'

Al pratend was ze weer op mijn bureau gaan zitten. Ze leek beter gehumeurd dan eerder die ochtend. 'Ik had gedacht, als jij voortaan 'es met die meiden naar de dokterspost en het ziekenhuis gaat, dan heb ik mijn handen wat meer vrij. Je hoeft niets te doen, niets tegen ze te zeggen, alleen maar te zorgen dat ze niet weglopen. Van elke nieuweling moet bekeken worden of het maagdenvlies nog intact is en verder is er altijd wel wat. Tb, geslachtsziekten, schurft. Enfin, je merkt het vanzelf wel.'

Misselijk van moeheid zat ik aan het einde van die eerste dag in de bus terug naar Tunis.

Diezelfde middag nog was ik met het meisje uit de keuken naar de dokterspost geweest, op een paar minuten lopen van het tehuis. Simone had me uitleg en instructies gegeven en was daarna verdwenen. Het leek me allemaal eenvoudig maar toen ik weg wilde gaan, stond er plotseling een heel stel hoestend om mijn bureau. Terwijl ik ontzet naar het bloed staarde dat ze voor me op de grond spuugden, stak Rafika haar hoofd om de deur. 'Ze nemen je in de maling hoor, ze bijten op hun tong. Wat denk je, we willen allemaal wel met jou naar de dokter.'

Giechelend hingen ze daarna om me heen tot een statige, jonge vrouw ze, met een koele blik op mij, tot de orde riep. Die vrouw had ik nog niet ontmoet maar het moest Fatma zijn, de surveillante générale.

'Probeer daar geen ruzie mee te krijgen,' had Simone gezegd, 'de meiden noemen haar *'Fatma général'.'*

Bij de eerste halte kwam een dikke vrouw de bus binnen. In haar ene hand hield ze een fladderende kip bij de poten, in haar andere een korf met groenten. Ze wrong zich al pratend door het middenpad terwijl ze haar sluier met haar mond bleef vastklemmen. Ze ging met een plof naast me zitten, werkte de kip tussen haar benen op de grond en zette de korf half op mijn schoot. Onmiddellijk begon ze te praten met de vrouwen tegenover mij. Harde, schelle stemmen, alsof ze ruzie maakten.

Ik schoof zo dicht mogelijk naar het raam en probeerde een kijkgaatje te maken in het vuile glas. Buiten in het schemerdonker sjokten mannen op ezeltjes en slenterden vrouwen in kleurige omslagdoeken. Overal renden kinderen. Ik leunde met mijn voorhoofd tegen de ruit en sloot mijn ogen. Meisjes naar de dokter brengen, hadden ze me daarvoor laten komen? Maar wat kon ik anders? Alles wat ik ooit geleerd had leek plotseling nutteloos. Ik was niets en niemand. Nu pas begreep ik de Ghanees in Rome en beschaamd dacht ik aan de ergernis in zijn ogen. Wie dacht ik wel dat ik was?

De mand met groenten was nu helemaal op mijn schoot beland, bovendien begon de kip naar mijn benen te pikken. De vrouw merkte niets. Gelukkig waren we er bijna. Ik herkende de Rue Bab Benat, de straat van de Poort van de Meisjes, met links de rechtbank en de regeringsgebouwen en rechts de muur van de oude stad, de Medina. De eerste, vrije week had ik er rondgeslenterd nadat ik met Job meereed naar de stad. 'Wees niet bang te verdwalen, niemand doet je wat en je komt er altijd vanzelf weer uit.' Ik genoot van de mensen en keek mijn ogen uit naar de koopwaar. Straatjes met alleen winkeltjes vol gouden en zilveren sieraden wisselden elkaar af met die waarin tapijten, kleding, aardewerk of reukwaar werden verkocht. Ik kocht een flesje parfum voor Dineke en een gebreide kameel voor Wouter en duwde de dagen voor me uit die me nog scheidden van het tehuis.

De bus reed om de Medina en draaide de Avenue Habib Bourguiba op. Ik had er met Claire gezeten op een van de vele terrasjes onder de bomen. Ze wees me de bussen en hun routes en legde me uit hoeveel je voor de kleine rood-witte taxi's moest betalen die je zo op straat kon aanroepen. En terwijl Claire de Zwitserse krant doorbladerde die ze daar in een stalletje gevonden had, keek ik naar de voorbijgangers. Vooral oude mannen hadden prachtige gezichten. Van de meeste vrouwen waren alleen de ogen te zien. Maar niet alle vrouwen droegen een sluier en sommigen liepen zelfs in minirok. Ik had Claire gevraagd hoe dat kon.

'Bij jullie loopt toch ook niet iedereen in klederdracht en op klompen.'

Bij het busstation hielp ik de vrouw met uitstappen en reikte haar de korf met groenten. De andere vrouwen stonden giechelend om me heen. Snel liep ik daarna de paar straten door naar Jobs kantoor. In het schijnsel van een lantaarn stond hij al bij zijn auto.

'Zo meisje, ging het een beetje?'

'Hmm,' zei ik en haalde mijn schouders op.

'Je gaat toch niet nu al de moed verliezen?' vroeg hij onderweg. En toen ik zweeg: 'Zie het rustig aan en verwacht niet meteen te veel. En als het werkelijk niet gaat dan is er toch niets verloren? Dan ben je een ervaring rijker en ga je gewoon naar huis terug.'

'Pffft,' blies ik en zakte wat dieper weg in mijn stoel. Naar huis terug! Wat dacht-ie wel?

Rafika had bij een vluchtpoging vermoedelijk haar been gebroken. Nadat ze voor straf twee dagen in het cachot had gezeten mocht ze met mij mee naar het ziekenhuis.

Sinds de meisjes begrepen hadden dat ik het was die voortaan met ze naar de dokter ging, werd er regelmatig op de deur van mijn kamer geklopt. Een angstig, verlegen of brutaal koppie kwam dan om de hoek van de deur. Van hun juf verlof gekregen om naar de W.C. te gaan.

'Judith, ik ben ziek.'

'Hoe ziek ben je?'

'Zo ziek dat ik dood ga.'

'Waaraan ga je dood?'

'Ik ga dood aan mijn buik. Toe neem me mee naar de dokter.'

Soms volstond ik, bij gebrek aan een andere taal, met het uitsteken van mijn tong. Ze giechelden of stampten met een zo boos mogelijk gezicht op de grond, naar gelang hun stemming en zeiden: 'Ik hou niet meer van je.' Een van de weinige zinnetjes die ik verstond en een van de eerste zinnetjes die ze me leerden: 'Nehebbuk, ik hou van je, nehebbuk.' Giechelen en stralende gezichten. Maar ook: 'Nehebnies, ik hou niet van je, nehebnies, Judith.'

De dokterspost stond honderd meter van het tehuis en het was een gemakkelijk wandelingetje, waarbij ik niet meer dan twee, drie meisjes meenam. Voor het ziekenhuis moest je naar Tunis en we gingen erheen met het dienstbusje. Tijdens de spreekuren was het er overvol. In de gangen zaten patiënten tegen de muur of lagen op de grond. We moesten over ze heenstappen. Vaak was ik met zes, zeven, acht meisjes. De één zette ik neer bij de tandarts, de ander bij de huidarts, de derde bij de oorarts en een aantal bij de gynaecoloog. Daarna snelde ik de wachtkamers één voor één weer af om te kijken of ze niet waren weggelopen en of ze al aan de beurt waren.

Bij de meisjes was die morgen behalve Rafika ook Arbia

'mahboula', de gekke. Als zij het in haar bol kreeg, wist ze haar lichaam te veranderen in een plank. Haar ogen staarden dan nietszeggend en ze leek doof en stom.

Ik leverde alle meisjes af bij hun dokter en ging met Rafika mee. Een foto wees uit dat ze haar been inderdaad had gebroken. Ik ondersteunde haar naar een bijgebouwtje in de tuin, waar ze een gipsverband kreeg. Intussen was het gaan regenen en het tuinpad was een lange plas geworden. Rafika hinkte naast mij door het water, struikelde en het nog zachte gips werd smerig in de modderpoel. Terug in het gipskamertje waste een aardige verpleger het vuil wat af, wikkelde schone, nieuwe stroken om Rafika's been en waadde met mij mee, de hinkende Rafika tussen ons in. Bij het dienstbusje stonden de anderen al te wachten met Youssef, de chauffeur.

Arbia werd het kennelijk allemaal te veel. Het lange wachten en nu ook nog al die aandacht voor dat gebroken been. Ze zeeg ter aarde en bleef bewegingloos liggen. Onmiddellijk stonden er tientallen mensen om ons heen. De verpleger suggereerde een brancard. Ik gebaarde de meisjes om in te stappen. Vliegensvlug pakten Youssef en ik Arbia bij haar schouders en voeten en legden haar horizontaal over de knieën van de meisjes op de achterbank. Bij het wegrijden zag ik nog net de verbijsterde groep mensen en het verontruste gezicht van de verpleger.

Halverwege de terugtocht kwam Arbia weer tot leven. Ik reikte naar de achterbank en aaide over haar krullen.

'Is het weer goed met je?'

'Nee, ik ga dood.'

'Waaraan ga je dood?'

'Aan leven, Judith, aan leven ga ik dood.'

Er is een brief voor je,' zei Dineke. Aan de toon van haar stem hoorde ik dat ze blij voor me was. 'Ik denk van je ouders.'

Het was de eerste brief sinds de ruim twee maanden dat ik bij hen was. Dineke begreep daar niets van. Zelf kreeg ze wekelijks brieven van haar moeder en bijna iedere zondagavond schreef ze lange epistels terug. Ik had een paar maal geschreven maar nog niets gehoord. Na eerst een voorzichtig peilen had Dineke ronduit gevraagd: 'Heb je ruzie met je ouders? Ben je daarom weggegaan?'

'Nee, geen ruzie.'

Wat moest ik verder zeggen? Ik werd geboren voor het huwelijk van mijn ouders. Het was niet hun bedoeling dat ik kwam. Ik kwam toch. Ik was eigenwijs, ook toen al. Mijn eerste levensjaren bracht ik door bij mijn oma. Pas toen ik zes was ging ik naar huis.

Ik leek op mijn vader. In mij zag hij zijn spiegelbeeld. Hij hield niet van zijn spiegelbeeld. Mijn moeder bekeek me langdurig. 'Ze loopt als een eend.' Later keek ik dikwijls naar kleine meisjes. Sommigen bewogen zich sierlijk. Anderen wisten met hun lichaam geen raad maar ik vond ze altijd ontroerend en nooit leek er één op een eend.

'Hij ligt op tafel,' zei Dineke, 'bovenop onze post.'
Op het lichtblauwe vlakje herkende ik het handschrift van mijn moeder. Ik sleepte een stoel naar een zonnig hoekje van de binnenplaats en opende voorzichtig de envelop, zonder hem te beschadigen. Er rolden twee dichtbeschreven velletjes uit.

'Mijn oma is overleden.' De woorden bleven hangen in de lucht en belemmerden mij elk uitzicht. Mijn oma. Ik had nooit weg mogen gaan.

'Kind!' zei Dineke terwijl ze kwam aanlopen uit de keuken, de theedoek nog in haar hand, 'kind, wat naar voor je.' Haar warmte maakte mijn tranen los en even later boende ze met de theedoek over mijn wangen alsof ik Wouter was.

'Haar hart.'

Ze was ineens weggeweest. Gelukkig voor haar. Zo had ze het gewild. Ze praatte daarover toen ik later bij haar logeerde en we 's avonds nog een eindje wandelden in het park. We liepen naar het bankje boven op de heuvel en zaten daar. Als ik op het stoepje achter haar huis zat te treuzelen met mijn boterham, zei ze: 'Eet gauw door, dan gaan we naar het bankje.' Daar hielden we echte gesprekken. Over leven en dood. Over wat er was als de wereld er niet was, over de maan en de sterren. En intussen keken we naar de voortjagende wolken en de voorbijtrekkende vogels. Ze vertelde ook van toen mijn moeder nog klein was.

'Lijk ik op haar?'

'Je bent net zo'n lief klein meisje.'

'Maar zij was mooier.'

'Schat, alle kinderen zijn mooi.'

Ze deed vast ook dingen met mij, die speciaal voor kinderen leuk zijn. Maar ik herinnerde mij alleen de avonden in het park en die in de deftige uitspanning aan het water, waar drie rivieren samenkwamen. Ook daar zaten we te praten en nam ze mij mee in haar grote mensenwereld. Bij niemand durfde ik zo klein te zijn als bij haar.

Jaren later vond ik die uitspanning terug, op een onverwachte zwerftocht. Alles was nog net zo als in mijn herinnering. Ik ging zitten in de ouderwetse erker en zette in gedachte mijn oma op de stoel tegenover mij.

'Dag oma, daar zitten we weer.'

Ze knikte: 'Mijn meiske.' En met kleine slokjes dronk ik haar thee, in plaats van het glaasje ranja.

'Geef tante Judith maar een kusje,' zei Job. 'Ze is een beetje verdrietig en ze heeft al heel lang van niemand meer een kusje gehad.'

Ik had Wouter in zijn pyjama geholpen en zat op het randje van zijn bed, toen Job de slaapkamer binnenkwam. Wouter sloeg twee armpjes om mijn hals en gaf mij een nat zoentje op mijn mond. Achter mij boog Job zich over ons heen en kuste een voor een Wouters handjes in mijn nek.

Met Youssef haalde ik Arbia op uit het psychiatrisch ziekenhuis, waar ze ter observatie was opgenomen. We moesten een gang door met veel deuren. Elke deur zat op slot. Hoe verder we in het gebouw doordrongen, hoe dichter ik het meisje naderde dat ik diep in mij vermoedde. Opgesloten in zichzelf, bang. Stil volgde ik Youssef.

We kwamen bij een deur met een klein, rond raam. Ik zag een stel vrouwen, haveloos gekleed, in een kale ruimte. Met dode ogen liepen ze doelloos door elkaar heen. Tussen hen dwaalde Arbia. Haar ogen waren al even dood en haar haar was dof.

Op de terugweg zat ze weggedoken in een hoek van het dienstbusje. Ze reageerde nergens op. 'Aanstellerij,' zei Youssef. 'Ze wil aandacht, je moet haar gewoon maar eens flink door elkaar schudden.'

Net als alle anderen had Youssef zo zijn eigen kijk op de aanpak van de meisjes. Eigenlijk bemoeide iedereen zich met hen en hielden ze er allemaal hun particuliere opvoedingsmethoden op na. Allereerst natuurlijk Simone en de andere leidsters maar ook de leraressen, de huishoudster, de kookster en zelfs de tuinman.

De meest uitgesproken ideeën had Fatma. 's Morgens stond ze met een grote sleutelbos bij de zware blauwe deur en rammelde met de tekenen van haar macht. Soms hield ze in haar andere hand een stokje. Na de ochtendpauze deelde ze tikken uit aan meisjes die te langzaam naar binnenkwamen of die te veel giechelden en schreeuwden. Mij doodde ze met haar blikken. Ze had niet om mij gevraagd.

Ik bracht Arbia terug naar haar vader. In het tehuis was ze niet te handhaven. Zwijgend zat ze in een hoek of ze krijste de boel bij elkaar, sloeg, trapte en smeet met alles wat haar voor de voeten kwam. Dan schoten haar ogen vuur en er kwam schuim om haar mond. Alle meisjes, ook de meest brutalen, waren bang voor haar. 'Mahboula,' riepen ze en ze renden weg. Ook de leidsters waren bang. De directrice kwam soms bij zo'n scène haar kamer uit en stond boven aan de trap het kabaal beneden te bezien. 'Haal Youssef,' riep ze. 'Haal de tuinman, doe iets, stop haar in het cachot!'

Meestal eindigde Arbia's aanval in de plotselinge verstijving van al haar spieren, alsof ze zich wilde beschermen tegen het geweld in haar. Als ze na zo'n aanval bijkwam, waren haar ogen weer dof. Soms huilde ze een beetje. Toen ik met de psychiater over haar praatte haalde die z'n schouders op. 'U bent nog jong,' zei hij, 'u moet nog leren dat niet iedereen te helpen is. U kunt beter uw tijd, aandacht en energie geven aan meisjes voor wie dat zin heeft. Voor haar kunt u niets doen, ik trouwens ook niet.'

En zo bracht ik Arbia terug naar haar vader. Ze leefde een beetje op terwijl ze naast me op de achterbank zat.

Haar vader woonde in het midden van een grote krottenwijk, waar alle riooltjes samenkwamen. Een stinkende, drabbige massa naast zijn gammele hut. Hij was een jaar of zeventig. Tot mijn verbazing sprak hij uitstekend Frans. Als jongen had hij in het Franse leger gevochten en de slag om de Marne meegemaakt. Ik herinnerde me de Marne en de witte velden, wanneer ik vanuit mijn dakkamertje in het Franse kindertehuis naar buiten keek. De loopgravenoorlog had de kalk van onderliggende aardlagen naar boven gebracht. Daar had hij gevochten. Voor ons. Nu woonde hij hier, op een stinkend stukje aarde, met een debiele vrouw en acht kinderen.

Arbia was de jongste. Hij vroeg me wat hij met haar moest beginnen. Ik zei dat ik het niet wist.

'Madame,' zei hij, 'bij Allah, u moet me helpen.'

Ik zei dat ik dat niet kon.

'Dan is het Allah's wil,' zei hij.

Ik gaf Arbia tien dinar om aan haar vader te geven. Ik schaamde me terwijl ik het deed. Ik zou me ook geschaamd hebben als ik het niet had gedaan.

Ik heb een huisje voor je.' Op een blauwe zondagmorgen in april, terwijl we op de veranda aan een laat ontbijt zaten, kwam Jean de tuin binnenlopen. 'Ik ben er gisteravond nog even langs gereden. Het is misschien wat ver van je werk, precies aan de andere kant van de stad, maar het lijkt me net een huisje voor jou.'

Een huisje. De eerste weken had ik naar een eigen plekje verlangd en dat deed ik nog als ik Claire bezig zag in haar flatje in de binnenstad. Maar het licht van de schemerlampen 's avonds bij Job en Dineke was een glans gaan werpen over de uren van de dag. Elke donkere dag eindigde in een lichte avond en elke avond begon naast Job in de auto naar huis.

'Zo meisje, was het vermoeiend vandaag?'

Het was altijd vermoeiend. Frans spreken, Arabisch proberen te verstaan, de intriges van Fatma, de meisjes. Velen waren emotioneel uit hun evenwicht, hysterisch of erger. Soms werden er messen getrokken en waren er hevige vechtpartijen. Jean had op aandringen van Simone gezorgd dat ik vrijgesteld werd van de nachtdiensten en ik was er blij om. 's Avonds en 's nachts waren er maar twee leidsters op honderd meisjes. De telefoon werd afgesloten omdat de directrice niet wilde dat er privé gebeld werd. Simone werd razend over dat soort zaken. Eigenlijk deed ze niet anders dan mopperen en schelden maar de meisjes waren dol op haar.

Nu waren ze ook gemakkelijk voor je te winnen. Je hoefde ze maar over hun bol te aaien en het was al goed. Ook mijn knipoog deed wonderen. Ze bleven erom giechelen en lieten niet af het ook te proberen.

Tussen de middag dansten ze voor me in de tuin. De ceintuur van hun bruine jurken om hun billen geknoopt, hun armen zijwaarts, bewogen ze zich heupwiegend en zingend voor me: 'Mustapha, yaah Mu-usta-apha...' Ik moest het na doen. Groot succes, want ik maakte er niets van.

Een eigen huisje. Ik keek naar Dineke. Ze veegde Wouters mond af met zijn slab. Knoopte die los en tilde hem uit zijn stoel. Hij rende op stevige beentjes de tuin in. Ik keek naar Job. Hij tuurde op het eitje dat hij aan het pellen was en het leek of hij Jean niet zag en zijn woorden niet hoorde.

'Ik zal jullie missen,' zei ik.

Het huisje was wit en had twee kleine koepeldaken. Het houtwerk was lichtblauw geschilderd. Via een voordeur met ijzerbeslag en drie kloppers, één voor mannen, één voor vrouwen en een lager geplaatste voor kinderen, elk met een andere klank, kwam je binnen in een kleine hal. Aan het halletje lagen een kamer met openslaande deuren en een rond raam, twee slaapkamertjes, een kleine badkamer en een keuken met een onoverdekte bijkeuken.

Het huis was pas gebouwd in een wijkje met soortgelijke huizen aan de rand van de stad. Het had een kleine voortuin en in de diepere achtertuin stond een oude olijfboom die bij de bouw was gespaard. In de verte zag je de heuvels en daartegen de ijle minaret van een nieuwe moskee. Vanuit mijn slaapkamer, die ongeveer het formaat had van mijn kamertje thuis, veroverde ik langzamerhand het hele huis.

Claire wees me de straatjes rond Bab Souika, even buiten de Medina. Ik kocht er matten, poefs en stoelen gevlochten van de nerven van palmbladeren. De weekenden ging ik met Claire naar Nabeul. Ik vond er tegels voor op het aanrecht van ruw cement en kocht er wit aardewerk met blauwe bloemmotieven. Van Jean kreeg ik spiraalbedden, een houten tafel met rechte stoelen en een houten boekenkastje. Ik schilderde alles wit. Elk vrij uurtje stonden Claire en ik op het achterterras te schuren en te verven. Op de bedden legde ik gekleurde berberdekens, die fel afstaken tegen de witte muren. Van de blauwwit gestreepte safsari's, die de vrouwen op het platteland droegen, naaide ik gordijnen. Jean kwam soms met bezoekers om te laten zien 'hoe een Hollandse in Tunesië leefde' en Job spotte goedmoedig met mijn 'meisjeshuisje'.

Al mijn buren waren Tunesiërs. Ze hadden mijn bedrijvigheid wantrouwend aangezien. Tegen al te nieuwsgierige blikken vlocht ik rietmatten door de spijlen van mijn hek. Wilde winde zorgde voor een zee van blauwe bloemen. In de vensterbanken zette ik bakken met afrikaantjes, die de koopman spanjaardjes noemde.

Mijn naaste buurman hield kippen in zijn bijkeuken en een schaap in zijn achtertuin. Het schaap was van zijn oudste zoon, een jongen van een jaar of veertien die het gekregen had om vet te mesten voor l'Aid, het offerfeest. Dan werd het geslacht als symbool dat Abraham niet zijn liefste zoon, Ismaël zoals de Moslims menen, maar een lam offerde op de brandstapel. Soms wandelde de jongen met zijn schaap aan een touwtje op het braakliggende terreintje voor onze huizen, samen met vriendjes die ook een schaap hadden gekregen.

Ik maakte een praatje met hem om mijn Arabisch te oefenen.

'Ik spreek Frans,' zei hij trots.

'Ik wil graag Arabisch praten, ik wil het leren.'

'Zal ik het u leren schrijven?'

Hij pakte een steentje en maakte krabbels in het zand. Ik deed het na. Dat groeide uit tot dagelijkse lessen maar hij wilde ook van mij leren.

'Komt U uit Amerika?'

'Nee, uit Holland.'

'Waar ligt dat?'

'Een eind ten noorden van Frankrijk aan de zee.'

'Spreken ze daar Frans of Engels?'

'Hollands.'

'Hollands! Is dat ook een taal?'

'Ja, dat is ook een taal.'

Onze lessen duurden voort totdat zijn schaap was geslacht. Dat Holland een zelfstandig land was met een eigen taal had hij toen nog steeds niet willen aanvaarden. Hij voelde meer voor een provincie van Frankrijk of een streek in Amerika. Mijn topografische onthullingen moesten voor hem even cryptisch zijn als zijn krabbels in het zand voor mij.

Timsi maya?' vroeg Youssef, terwijl hij lege kratten en jute zakken het dienstbusje insjouwde.

'Ik versta je niet,' zei ik.

'Je verstaat me best, wat denk je dat ik gezegd heb?'

Het zou kunnen dat hij me vroeg mee te rijden. Hij ging naar de overdekte markt om inkopen te doen voor de keuken en wist dat ik van die uitstapjes genoot. In het tehuis voelde ik me nog steeds verloren. De ene dag meer, de andere dag minder. Ik benijdde de buschauffeur die me 's morgens zo vanzelfsprekend naar mijn werk reed. Hij wist wat hij die dag moest doen. Behalve meisjes naar de dokter brengen, wist ik nooit wat ik moest doen en was me er voortdurend van bewust dat niemand in het tehuis om mij had gevraagd. Mijn komst was een plannetje geweest van de een of andere minister, die daarvoor nog geld van de organisatie kreeg ook.

Soms deed ik mijn beklag bij Job, als hij me 's avonds onverwacht ophaalde uit het tehuis en me namens Dineke uitnodigde voor het eten.

'Jij wilt te veel tegelijk,' zei Job. 'Jij denkt nog te westers. Voeg je naar het tempo van dit land. Je bent hier pas vier maanden, net genoeg om overal een beetje aan geroken te hebben. Stel je verwachtingen anders. Wat had je gedacht? De wereld hier te veranderen?'

'Maar ik loop in de weg. Ik kost geld en ik doe niets.'

'Je doet wel iets en je loopt alleen jezelf in de weg. Vergeet jezelf, vergeet dat je zo nodig nuttig moet zijn, vergeet jezelf belangrijk te vinden.'

'Nou,' drong Youssef aan, 'wat heb ik gezegd?'

'Ik denk dat je me vroeg mee te rijden.'

'Zie je wel dat je me verstond, je moet gewoon durven,' zei Youssef. 'Wella, timsi maya?'

'Bsif!,' zei ik.

Ik keek naar de lijnen in Youssefs gezicht. Naar zijn diepliggende ogen die strak op het wegdek tuurden en ik glimlachte om zijn 'bhim!', 'ezel!', dat regelmatig opklonk aan het adres van andere weggebruikers. Youssef was aardig, Simone was Simone, Sahara was aardig, de directrice zag ik zelden, maar met Fatma had ik voortdurend aanvaringen.

Een paar dagen daarvoor waren er twee nieuwe meisjes gekomen. Twee zusjes van zestien en zeventien jaar, Rebah en Latifa. Ze werden met een politiebusje gebracht. Ze hadden een kleine tatoeage op hun voorhoofd en droegen de felgekleurde omslagdoeken van het platteland. De doeken waren gescheurd, hun haar was sliertig, hun ogen keken schichtig en hun brede voeten waren vereelt. Ze schreeuwden verschrikkelijk. De andere meisjes stonden in een nieuwsgierige kring om de nieuwkomers heen. Sommigen knepen demonstratief hun neus dicht. De zusjes stonken inderdaad.

Ik ging met ze naar de dokterspost. Hand in hand liepen ze jammerend voor me uit. Latifa had een geslachtsziekte, bovendien was ze zwanger. Rebah krijste toen ze onderzocht werd, haar benen wijd omhoog in de beugels. Ik legde mijn hand over haar ogen, als om haar weg te voeren uit deze vernederende wereld.

'Gil maar niet zo,' zei de dokter, 'de laatste maal dat je je benen uit elkaar deed, heb je vast ook niet zo gegild.'

Rebah was maagd.

's Middags kwam het politiebusje opnieuw. Ze haalden Latifa op en brachten haar naar een tehuis voor ongehuwde moeders. Beiden krijsten, krabden zich in het gezicht en scheurden de kleren van hun lijf.

De volgende morgen was Rebah weg. Twee dagen later werd ze door de tuinman gevonden in een rioolbuis aan de rand van de boomgaard. Fatma sloeg haar met een stok en stopte haar in het cachot. Toen ik probeerde tussenbeide te komen kreeg ze twintig stokslagen in plaats van tien. Ik hoefde niet te denken dat ik de dienst uitmaakte.

In een rood-wit taxitje was ik op weg naar Job en Dineke toen de chauffeur het drukke stadsverkeer achter zich liet en de weg indraaide door het Belvédère. Hij had al een paar maal nieuwsgierige blikken in zijn spiegeltje geworpen, bovendien sprak hij een beetje Frans en wilde me dat graag laten horen. In de stilte van het park zag hij zijn kans schoon. Hij draaide zich half om naar de achterbank en ik bereidde me voor op het onvermijdelijke.

'Bent u toerist?'

'Nee, ik woon hier.'

'Hoe lang al?'

'Een paar maanden.'

'Bent u getrouwd?'

'Ja!'

De ervaring had me geleerd dat een voorgewende huwelijkse staat me behoedde voor een reeks onverkwikkelijke vragen. Had ik soms een ziekte? Leefde ik in onmin met mijn familie? Was mijn familie te arm om mij uit te huwelijken?

'Hoe lang?'

'Vijf jaar,' zei ik en rekende snel uit dat dat voor Tunesische begrippen wel kon.

'Werkt uw man ook hier?'

'Ja.'

'Wat voor werk doet hij?'

Ik noemde maar een dwarsstraat.

'Heeft U kinderen?'

'Nee.'

Dat werd me te ingewikkeld. Wat zou ik straks weer over mijn kinderen moeten vertellen.

'Geen kinderen?!'

'Nee.'

Hij stond op zijn rem. Ik schoot naar voren. Hij draaide zich nu helemaal om naar de achterbank en keek me recht aan. 'Alstublieft, kunt u mij zeggen hoe u dat doet, vijf jaar getrouwd en geen kinderen? Ik ben vijf jaar getrouwd en heb zes kinderen. Bij Allah, dat is genoeg.'

'Waarom koop je ook geen auto?' vroeg Job toen ik het verhaal vertelde. 'Al die kerels die je maar lastig vallen, vandaag of morgen vragen ze nog aanschouwelijk onderricht.'

Ik trok mijn wenkbrauwen op en keek verbaasd van hem naar Dineke. Er klonk irritatie in Jobs stem. Ik zelf vond het verhaal nogal komisch maar hij scheen er niets grappigs aan te vinden.

'Dan hoef je meteen niet voor dag en dauw op. Bovendien kun je gemakkelijker nog eens hier komen.'

Een auto. Eerst een huis en nu ook nog een auto?

'Ik heb geen geld.'

'Dan vraag je een voorschot aan Jean.'

'Ik kan niet autorijden.'

'Dat leer je dan maar!'

Ik leerde het, dat wil zeggen ik nam les. Bij een oude Italiaan in een al even oude auto. Als richtingaanwijzer deed een schroevedraaier dienst. Na zes lessen, waarin hij me liet parkeren tussen twee daartoe neergezette paaltjes, vond hij dat ik het wel kon. 'Rijden leer je vanzelf,' zei hij. 'Het examen stelt niks voor.'

Op het heetst van de dag werd ik opgeroepen, met minstens dertig andere kandidaten, allemaal mannen, op een terrein aan de rand van Tunis. We wachtten onze beurt af voor het parkeren tussen de paaltjes, een eindje rijden en tenslotte het mondeling theorie-examen. Voor het parkeren was ik snel aan de beurt. Dat ging goed. Dat had ik geleerd. Daarna geduldig wachten. Ik kreeg honger en dorst. Ik had, zo uit mijn werk, geen gelegenheid gehad te eten. In de buurt was niets te bekennen dat op een cafeetje leek en ik durfde niet ver weg te gaan uit angst mijn beurt te missen. De mannen gingen wel in groepjes weg, maakten afspraken met de achterblijvers. Eindelijk was ik om zes uur 's avonds aan de beurt. Ik deed alles fout wat ik maar fout kon doen. Mijn examinator werd steeds zenuwachtiger. 'Stopt u maar,' zei hij. Ik stopte. Hij hief zijn handen ten hemel. 'Mademoiselle, als u nu nog had aangegeven dat u ging stoppen!'

Ik had begrip voor het onvermijdelijke, maar hij was 'désolé'. Hij had mij, een vrouw en dan nog wel zo'n buitenlandse, zo graag laten slagen.

Ik probeerde het opnieuw. Ditmaal werd ik om zeven uur 's morgens opgeroepen. Ik nam koffie en broodjes mee. Nu stonden er maar tien mannen en ik was vrijwel meteen aan de beurt. Mijn meesterstukje faalde bijna, de paaltjes wiebelden vervaarlijk, maar bleven overeind staan. Daarna had ik dezelfde examinator. Hij was 'heureux' mij terug te zien. Ik moest honderd meter rijden, toen een hoek omslaan naar rechts. Daarna vroeg hij mij te stoppen. Ik stopte zoals hij me geleerd had.

'Ik heb het wel gezien. We gaan niet verder, dit is prima.' Hij schudde me beide handen en werkte me de auto uit. Even later zaten we op de stoeprand voor het theorie-examen. 'U spreekt met een accent,' zei hij. 'Is Frans uw moedertaal niet?'

Ik schudde mijn hoofd.

'Dan slaan we dit onderdeel over.'

Met een tevreden gezicht tekende hij de verklaring. 'Gefeliciteerd, u bent geslaagd.'

Inmiddels had Job in Parijs een autootje voor me besteld. Op een morgen kwam hij om zes uur aan mijn deur.

'Je auto is er.'

'O,' zei ik en wreef in mijn ogen.

Hij lachte, streek met de rug van zijn hand langs mijn wang. 'Vooruit, kleed je aan, dan gaan we hem halen.'

Dromend zat ik even later naast hem en ook Job zei niet veel maar bij het zien van de auto bleek hij wel degelijk wakker. Hij zat erin, lag eronder, dook onder de motorkap. 'Kom, stap in.'

'Voor geen goud.'

Maar Job was onverbiddelijk. 'Ik ga. Jij rijdt in je eigen auto naar huis.'

'Ga maar, ik zie wel hoe ik thuiskom maar ik ga niet in dat ding.'

Hij stond me een tijdje peinzend aan te zien. 'Ik zal je rijles geven,' zei hij.

Na de regens van het voorjaar en het aangename zomerweer van de maand mei werd het heet en steeds heter. Een warme wind stak op uit de Sahara en sloeg ons lam.

In de klassen zaten de meisjes met bezwete gezichten en klamme handen roerloos boven hun werk. Personeel, dat niet werkelijk iets te doen had, hing zwijgend op de banken onder de bomen of leunde tegen het bureau van Fatma. Niemand zei iets. Zelfs van praten werd je warm en moe. Wie kon, werkte van zeven uur 's morgens tot één uur 's middags.

'Ga jij maar,' zei Simone, 'hier kun je toch niks doen.'

De eerste dagen haalde ik, uit mijn werk, Claire op. Met het treintje reden we over de dam naar de havenplaats La Goulette en vandaar langs de kust naar Carthago. We picknickten op het verlaten strandje en drijvend op onze rug in het stille heldere water keken we naar de palmen die hoog op de rotsige heuvels zinderend afstaken tegen de felblauwe lucht.

'Wie houdt er nou siësta,' riep Claire. 'Wie ligt er nou op z'n bed als je ook kunt gaan zwemmen.'

De meisjes, dacht ik, de meisjes liggen op hun bed en kunnen niet gaan zwemmen.

Rebah lag al dagen apathisch op haar kamer. Het bericht was gekomen dat haar zusje bij de bevalling was overleden.

'Haar lichaam was te verzwakt,' zei Simone. Ook de baby was dood.

Al binnen een week was er in Rebah niets meer te herkennen geweest van het krijsende meisje van de eerste dag. Met de laag vuil leek ook haar weerstand weggespoeld. Stilletjes bewoog ze zich tussen de anderen. Maar de laatste tijd werd ze me al te stil en regelmatig ging ik naar haar kijken. Huilde ze maar, werd ze maar kwaad. Ik ging op de rand van haar bed zitten en streek over haar haren. Ze draaide haar bezwete gezicht alleen maar verder naar de muur.

'Rebah,' zei ik zachtjes en stokte. Sprak ik haar naam wel

goed uit? Als de anderen al vreemden voor haar waren, hoe beangstigend moest ik dan niet zijn?

De zusjes waren al jaren wees, had Sahara mij verteld. Ze waren opgevoed in het huis van de moeder van hun vader. Hun grootmoeder had ze steeds verdedigd tegenover de rest van de familie die vond dat de kinderen hen alleen maar tot last waren.

Toen de grootmoeder een jaar daarvoor was overleden, had haar jongste zoon, de oom van de meisjes zich aan Latifa vergrepen. Zo had ze nog enig nut. Voor ook Rebah aan de beurt zou zijn, waren ze samen gevlucht en gaan zwerven. Nu lag Rebah roerloos en Latifa was dood.

Bijna elke dag zat ik stil naast het onbereikbare figuurtje. Waarom sprak ik niet beter Arabisch, waarom was ik gekomen als ik toch niets kon doen?

Naarmate de warmte de meisjes apathischer maakte, viel Rebah minder op. Ze deed net als de anderen. Ze was een van hen. Ze had zich aangepast. Zo leek het.

Ook ik paste me aan. De hitte die ik eerst overmoedig getrotseerd had, zoog nu alle energie weg. Ik kocht een goedkope ventilator en zette die naast mijn bed. Net als iedereen hield ik siësta en pas aan het einde van de middag waagde ik me voorzichtig weer naar buiten, slenterde met Claire door de souks of dronk koude citroen op het terras van Café de Paris waar ook de mannen weer verschenen, druk pratend, kaartend en lurkend aan hun waterpijp.

’s Avonds gingen we naar het festival van Carthago. We zagen er stukken van Anouilh en Shakespeare, gespeeld door beroemde Europese toneelgezelschappen. We hoorden Miriam Makeba, Georges Moustaki en Lionell Hampton. Er was het Ballet National du Sénégal en een dansgroep uit de Côte d’Ivoire. De voorstellingen maar ook de entourage, de zon die rood wegzakte achter de Boukornine, de lichtjes van La Goulette en Sidi Bou Saïd, de contouren van palmen en Ro-

meinse zuilen voerden ons weg uit een aardse wereld.
'Je zou hier met je geliefde moeten zitten,' fluisterde Claire.
'Ja,' zei ik en streek met de rug van mijn hand langs mijn wang.

Rafika stond voor mijn bureau en toonde me trots haar been, bevrijd uit het gips. Ik bewonderde het en in stilte ook Rafika. Ze was lang en slank, had guitige, intelligente ogen en een grappige kop met krullen. Ze was niet veel ouder dan vijftien maar ze had een persoonlijkheid die haar wijzer deed lijken. Voor haar geen gekke grapjes met knipogen en grimassen. Ze had een paar jaar middelbare school en sprak goed Frans. Haar ouders waren gescheiden. Waar haar vader was, wist ze niet. Haar moeder werkte als gastarbeidster in Frankrijk en kwam eenmaal per jaar over. Met haar jongere zusje woonde ze bij de ouders van haar moeder in een plaatsje dichtbij Tunis. Haar grootvader was godsdienstleraar in de moskee. Op haar dossier een groot stempel: prostitutie. Trots en recht stond ze voor me.

'Ik ben geen hoer,' zei ze.

'Nee.'

Ze ging op de stoel voor m'n bureau zitten.

'Vind jij het slecht om van iemand te houden?'

'Nee.'

'Ik houd van een neef van mij. Hij is getrouwd, vind je dat slecht?'

'Nee, van iemand houden kan nooit slecht zijn. Wat je voelt is nooit slecht, hooguit wat je met je gevoelens doet.'

'Ik weet niet wat je bedoelt.'

'Ik bedoel, als je zou willen proberen dat hij om jou zijn vrouw zou verstoten.'

'Vind je dat dan slecht?'

'Ik weet 't niet, slecht is het woord niet.'

'Ik vind het niet slecht,' zei Rafika, 'maar het kan niet. We zouden samen weg moeten lopen en waar moeten we dan van leven? Bij jullie is het misschien slecht. Jullie mogen zelf je man of vrouw kiezen. Wij niet. Hij houdt niet van zijn vrouw en zijn vrouw houdt niet van hem. Ik hou wel van hem, ben ik daarom slecht? Ben ik daarom een hoer? Ben je een hoer als je van iemand houdt?'

'Nee, Rafika.'

'Mijn grootvader zegt dat ik het later allemaal wel begrijpen zal. Ik wil het niet begrijpen, nu niet en later niet. Hij is ook bang dat mijn neef mij aan zal raken, je weet wel, dat hij een vrouw van mij zal maken, daarom ben ik hier.'

Ik bezocht de grootvader van Rafika. Hij was een waardige oude man. Hij droeg een witte djellaba en een rode chachia boven zijn doorgroefd gezicht. Hij had de felle ogen van Rafika. Ik zag hem in gedachte voor me, zittend tegen een pilaar van de moskee met een groep jongetjes om zich heen om hun de koran te leren. Hij woonde in een goed onderhouden, witgekalkt huis. Vier kamers rond een binnenplaats. Zijn trots was een oude olijfboom die de plaats overschaduwde.

Hij ontving me beleefd en liet zijn vrouw thee voor ons schenken in kleine glazen met gouden randjes. In de kamers krioelde het van de familieleden. Ook de bewuste neef woonde daar, met zijn vrouw en twee zoontjes in te kleine, gesteven broekjes en onberispelijke schoolschortjes.

Rafika's grootvader sprak geen Frans. Hij riep Rafika's zusje om te vertalen. Ze was minder knap dan Rafika en duidelijk volgzamer.

'Rafika kan niet thuiskomen,' zei de grootvader en hij bechreef met zijn arm een halve cirkel over de binnenplaats, alsof dat alles verklaren moest. Het verklaarde ook alles, ik begreep het. 'Ik heb haar moeder beloofd dat ik goed voor haar zou zorgen,' zei hij. 'Daarom kan ze hier niet blijven.'

'Maar bij ons kan ze ook niet blijven,' zei ik. 'Het is niet goed voor haar.'

'Ze leert nuttige dingen,' zei de grootvader. 'Naaien, borduren, tapijtweven. En ze leert regels.'

'Ja,' zei ik, 'maar ze leert ook wat prostitutie is, wat diefstal is, ziekte en wanhoop.'

De grootvader keek mij aan. 'Ik zal haar moeder schrijven,' zei hij, 'tot zolang blijft ze bij u.'

Luister eens, Juud.' Minder om Job's woorden dan om de ongewoon ernstige klank van zijn stem keek ik op van mijn kopje Turkse koffie.

'Ik dacht dat 't vandaag onze laatste les maar moest zijn.'

Ik had net door het drukke verkeer van de stad gereden en in de schaduw van hoge eucalyptusbomen zaten we op het terras van een landelijk koffiehuis. Ik staarde naar een man die in de verte wegreed op een ezeltje.

De hele zomer was Job me regelmatig komen halen. Hij reed de auto buiten de stad en daar waar nauwelijks verkeer meer was - een man met een handkar, een scheef gezakt vrachtautootje - nam ik het stuur over. Naarmate het rijden beter ging, kreeg ik meer aandacht voor m'n omgeving. Mannen op ezeltjes, die hun benen zijwaarts bewogen op het loopritme van het dier. Vrouwen gekromd onder enorme takkenbossen. Kinderen met schoolschortjes over hun gescheurde kleren. Schapen staken in hele kuddes tegelijk de weg over, met een enkel jongetje om ze te hoeden. En voortdurend was er het glooiende land, in alle mogelijke aardkleuren, de kale heuvels tegen de horizon, de hutjes omheind door cactushagen en hoge eucalyptusbomen.

We gingen naar Galaat el Andalous en zagen in donkere kamers vrouwen op primitieve weeftoestellen dikke omslagdoeken weven van zuivere schapewol, zoals die alleen daar gedragen werden. We reden naar Utique en liepen door de verlaten velden, tot er toch plotseling kindertjes om ons heen waren. Kindertjes, ergens vandaan, nergens vandaan, met snotneuzen, vliegen om hun ogen en mond, en in hun blote kontjes. Kinderen die een jonger broertje of zusje droegen, brutaal, verlegen. Kinderen die bedelden en kinderen die alleen maar keken, keken zoals ik keek. Ze wezen en brachten ons naar de Romeinse mozaïeken die opbloeiden in het dorre gras. Jongetjes gooiden uit zinken emmers putsjes water die de kleuren deden uitkomen.

'Monsieur, madame. Ça, vissen, ça, broden.' Daarna bleven ze vragend om ons heen hangen.

'Uit welke land? Hoe oud? Dat uw man? Uw vrouw?'

We dronken koffie in een koffiehuis en glimlachten om de luidruchtig kaartspelende mannen. We verfristen ons bij een wasplaats en probeerden een praatje te maken met de schuw kijkende vrouwen die kleren tegen gladde stenen in het water sloegen. We stopten bij een eenzaam hutje waar een oude vrouw brood bakte in heet zand en as.

We...

'Ik dacht dat je 't nu wel kon en verder... Juud, luister je?'

Nee Job. Ik luister niet. Ik wil niet luisteren. Ik weet wat je zeggen gaat. Zeg het niet. Ik wil zo graag verder dromen. Mijn dromen doen niemand kwaad.

'...en verder zou het misschien voor ons alletwee beter zijn als we elkaar een poosje niet zouden zien.'

Stil zat ik de volgende morgen achter mijn bureau. Mijn hoofd in mijn handen. De betovering was verbroken. Ik hoorde niet in dit tehuis, niet in dit land. Nergens. Ik droeg een donkerbruin manteltje toen mijn oma mij naar mijn moeder bracht. We reisden in een vrachtauto. Het was kort na de oorlog en er was nauwelijks vervoer. Die vrachtauto herinnerde ik mij en dat bruine manteltje. Verder niets. Had ik gehuild? Had mijn oma gehuild? En wat deed mijn moeder?

Ik schrok op omdat de deur openging. Rebah stond voor me.

'Judith, ik ben ziek.'

'Hoe ziek ben je?'

'Zo ziek dat ik dood ga.'

'Waaraan ga je dood?'

'Aan mijn buik, Judith, aan mijn buik ga ik dood.'

Maar juist toen ik mijn alles genezende knipoog wilde maken, schoten er tranen in Rebah's ogen. Ze ging op de stoel voor mijn bureau zitten, legde haar hoofd op haar armen en snikte. 'Ik heb niemand,' zei ze. 'Geen vader, geen moeder, geen grootmoeder en ook geen zusje meer. Niemand die van mij houdt. Ik moet hier altijd blijven.'

Ik legde mijn handen op Rebah's snikkende hoofd en plotseling huilde ik ook. Rebah keek op. Eerst ontsteld, toen gleed er een glimlach over haar anders zo gesloten gezicht. Ze liep om het bureau en sloeg haar arm om me heen.

'Je huilt,' zei ze. 'Er heeft nog nooit iemand om mij gehuild.'

Verward liep ik na die ochtend van het busstation naar het treintje. Ik had mijn zwemspullen bij me. Het was de laatste dag van de zomertijd. Claire moest overwerken. Zou ik gaan zwemmen of toch maar naar huis? Ik liep langs de straat van Jobs kantoor. In de verte stond zijn auto. Wat zou Dineke denken? Kon ik haar nu nog wel zien? En Wouter? Ik stond stil, draaide me om en liep langzaam terug naar het busstation.

Thuis nam ik een bad en stond daarna lange tijd in de spiegel te staren naar mijn bruine lijf, gekleed in twee witte streepjes.

Er was niks mis mee maar toch, wat zag een man die alles had nou voor uitzonderlijks in mij? 'Je ontroerde me vanaf het moment dat je daar zo verloren op het vliegveld stond.' Verloren? Stond ik verloren? Hoe deed ik dan? Hoe keek ik? Wat had ik aan?

Ik zocht in mijn kast en vond de nieuwe winterjurk. Hij kriebelde op mijn blote lijf. Ik trok hem weer uit, deed ondergoed aan, kousen, schoenen, de jurk. Ik kamde mijn haren - lippenstift, waar was mijn nieuwe lippenstift? - en staarde naar het meisje in de spiegel.

'Wat doe jij in godsnaam?' zei Claire. Via de achtertuin was ze door de opengeslagen deuren naar binnen gelopen. 'Lieve help, in deze hitte.'

'Ik keek of alles nog paste,' mompelde ik en zakte blozend neer op het randje van het bad.

Ze bekeek me met de kennersblik van jongste van vijf zusjes.

'Je bent verliefd,' constateerde ze, alsof het de griep betrof.

Ik wurmde me uit mijn wollen gewaad en gaf geen antwoord.

'Wie is het, ken ik hem?'

'Job,' zei ik met mijn hoofd achter een laag wol.

Toen ik eindelijk de jurk uit had, zag ik dat ze naast me was gaan zitten op het randje van het bad.

'Ik vind hem aardig maar is je keus niet wat onhandig? Je begint toch niks met 'em?'

'Nee, natuurlijk niet,' zei ik kwaad. Ze leek wel gek.

Ik had schurft. Kleine rode stippen liepen van de binnenkanten van mijn polsen langs mijn armen omhoog.

'Het is nog maar een allereerste begin,' zei Simone. 'Voor al niet krabben.' Ze gaf me een lotion waarmee ik de plekken regelmatig moest deppen.

'Controleer je zelf steeds goed, een ernstige vorm is heel vervelend.'

's Nachts kon ik niet slapen. Mijn armen jeukten. Ik probeerde niet te krabben en nergens aan te denken. Al helemaal niet aan Job. Ik ging naar de keuken om warme melk te maken. Toen ik het licht aandeed schoten er tientallen kakkerlakken van de keukenvloer onder de richels van de plinten. 'Cafards', zeiden de Fransen. Hetzelfde woord gebruikten ze wanneer ze er goed de pest in hadden.

's Morgens kon ik mijn kamer niet in. Fatma zei dat ze de sleutel aan de huishoudster had gegeven. Die zei dat ze hem weer aan Fatma had teruggegeven. Fatma hield vol dat ze hem niet had. Ik slenterde de tuin in. Op een terreintje achter de keuken stond Youssef met de tuinman stapels matrassen te verbranden.

'Waarom doe je dat?'

'Wandluis, het is de enige manier. De meiden slapen zolang wel op het spiraal.'

Terwijl ik stond te kijken kwam Simone naast me staan.

'Ik ga hier weg,' fluisterde ze. 'Mon Dieu, ik word ziek en stapelgek in dit tehuis. Ik kan een baantje krijgen op een Franse missieschool. Het spijt me heel erg voor jou.'

Het kon me niet schelen. Simone hielp me, maar betrok me ook in al haar onenigheden met Fatma en de directrice. Toen ik haar het verhaal van de sleutel vertelde zei ze: 'Waarom ga je niet gewoon naar huis? Als je je kamer niet in kunt, kun je niet werken, dus ga je weg.' Ze zou wel gelijk hebben. Toch had zij het met haar opstelling ook niet gered. Ik slenterde terug naar Fatma.

'Ik heb je sleutel gevonden,' zei ze met een koud lachje.

Ik kon beter met Simone opschieten sinds ze weg was uit het tehuis en omdat ik mijn loopje naar Job en Dineke miste ging ik graag bij haar langs. Ze bewoonde een kleine etage in een oud huis in de Medina. Verschillende woonlagen rond een gemeenschappelijke binnenplaats. Ze woonde daar al bijna twintig jaar. Als jong meisje had ze in het Franse verzet gezeten. Na de oorlog kon ze haar draai niet meer vinden, was naar Tunesië gekomen en had elk werk aangegrepen dat ze maar krijgen kon. Ze moederde een beetje over me. Dikwijls vroeg ze bezorgd of ik wel goed at. Ik zag zo wit. Was het werk soms te zwaar of piekerde ik ergens over? Nee, ik piekerde nergens over, het werk was niet te zwaar en ik at goed. Ik knikte haar toe en boende over mijn wangen.

Het was bij Simone de zoete inval. Soms begonnen we aan tafel met z'n tweeën en eindigden we met z'n twaalven. Met allerlei liflafjes en restjes wist ze haar maaltijden eindeloos uit te breiden. Onder haar gasten was dikwijls een oude man met een verweerd gezicht en rustige grijze ogen. Hij had ooit als priesterarbeider gewerkt onder de havenarbeiders van Marseille.

'Mon père,' zei Simone.

'Mon grand-père,' probeerde ik voorzichtig.

Hij keek me aan, glimlachte. 'Ma petite-fille.'

'Arbia is dood.' De meisjes dromden om mij heen terwijl ik 's morgens mijn auto uitstapte en de bewaker de grote poort achter mij nog maar nauwelijks gesloten had.

'Ze heeft zich opgehangen,' zei Rafika.

'Misschien is ze doodgeslagen,' zei Hedia.

Wat wisten ze en hoe wisten ze het? Er liepen allerlei geheimzinnige lijnen naar de buitenwereld.

'Is het weer goed met je, Arbia?'

'Nee, ik ga dood.'

'Waaraan ga je dood?'

'Aan leven Judith, aan leven ga ik dood.'

's Middags zette ik mijn auto neer aan de rand van de krottenwijk en liep de smalle paadjes af. Al vanuit de verte, beneden mij, zag ik een zwijgend groepje mannen die op hun schouders een eenvoudige baar droegen. Het lichaam was in witte doeken gewikkeld. Toen ze dichterbij kwamen bleef ik staan. Arbia's vader herkende me en legde zijn vrije hand op zijn hart. Ik deed hetzelfde en liep toen langzaam door.

In de hut zat een groepje vrouwen rondom een schaal couscous. Ze schoven zwijgend opzij, alsof ze me verwacht hadden. Een drillend stukje schapenvlees dat de mannen hadden overgelaten wipten ze naar de rand van de schaal, naar de plaats waar ik zat. In het zwijgen van deze vrouwen pasten geen vragen. 'Mektoub,' zei een oudere vrouw die op Arbia leek. Het is geschreven, voorbeschikt. De vrouwen knikten en zonder woorden aten zij verder. Toen ik na de maaltijd op stond, gaf de vrouw die op Arbia leek, mij een plat, rond brood. 'Gobes taboena,' zei ze. Ik kende het. Ik kreeg het wel eens van mijn buurvrouw. Het deeg werd geplakt tegen de binnenkant van een kruikvormig lemen oventje waarin op de bodem houtskool smeulde. Het was lekker brood. Ik probeerde het te weigeren maar ze duwde het terug in mijn armen. 'Enti ohti,' zei ze, je bent mijn zuster.

Met het brood onder mijn arm liep ik de slingerende straatjes weer omhoog. Bij mijn auto stonden kindertjes en gluurden met platte neusjes door de ramen naar binnen. Ze stoven verschrikt uiteen toen ze me zagen en wierpen daarna begerige blikken op het brood. Ik brak het in stukken en deelde het uit. Ze vochten om het laatste kruimeltje als een zwerm kwetterende mussen.

Toen ik laat in de middag terugkwam in het tehuis en haastig mijn spullen pakte, liep Rafika mijn kamer binnen. 'Ik wil dat je nú naar mijn grootvader gaat. Heeft mijn moeder al geschreven?'

'Morgen,' zei ik luchtig, zonder haar aan te zien. 'Morgen is er weer een dag.'

'Morgen hoeft het niet meer.' Ze sloeg de deur met een klap dicht.

Later, in de hal, stond ze weggedoken in een hoek. In het voorbijgaan trok ik zachtjes aan haar krullen. Ze sloeg mijn hand weg. 'Nehebnies!'

De volgende morgen was ze weggelopen.

Een paar dagen later, terwijl ik met Sahara de lijst doornam van meisjes die naar de dokter moesten, kwam er een politiebusje het terrein oprijden. Het stopte vlak voor mijn raam. Achter dubbele tralies zag ik het gezicht van Rafika. Op hetzelfde ogenblik stond Fatma naast de auto. Ze sleurde Rafika naar buiten en sloeg haar in het gezicht. Ik vloog naar de deur. Sahara schoot achter me aan en greep me vast. 'Bemoei je er niet mee.' Ze zette haar nagels in mijn arm. Ik liet mij langs de deur naar beneden glijden en wreef over de plek die haar vingers achterlieten.

'Je m'excuse,' zei Sahara en zakte naast me neer.

'Wij lopen bij jou niet weg,' zei Rebah zacht.

Ze was sinds de ochtend dat we samen hadden gehuild nauwelijks van mijn zijde geweken. 'Nehebbuk,' zei ze met haar zachte glimlach, iedere keer als ze me zag. Nu stond ze stil voor mijn bureau en keek me aan. 'Jij houdt van ons, jij huilt met ons, daarom.' En toen ik zweeg: 'Enti ohti' en ze haakte haar wijsvingers in elkaar. 'Enti ohti, enti Arabia, enti kifi ahna.'

Ik begon hun zinnetjes te verstaan. Ik hoorde niet meer zoals in het begin alleen maar klanken. Ik begon woorden te onderscheiden en te begrijpen wanneer een zin ophield en begon.

Ik knikte naar Rebah en probeerde te glimlachen.

Rafika zat een week in het cachot. Toen ze eruit mocht zag ze grauw. Toch moest ik niet daarom met haar naar de dokterspost.

'Laat nakijken of ze nog maagd is,' snauwde de directrice.

'Ik bèn maagd,' zei Rafika. Haar ogen stonden even fel als altijd en haar wil leek ongebroken.

Ze wàs maagd.

'El hamdulillah,' verzuchtte Fatma, 'dan kunnen we tenminste haar grootvader onder ogen komen.'

Kort daarop vond ik een briefje van Hedia op mijn bureau: 'Ze zeggen dat je meer houdt van Rafika dan van mij. Ik wil het graag weten. Hedia.'

Hedia was een raadsel. Ze was klein, stevig en liep met vastberaden pas. Van meet af aan had ze me onder haar vleugels genomen. 'Ik zal je Arabisch leren.' Ze was heel streng. In ruil voor haar lessen tikte ze op mijn schrijfmachine. Ze had die beloning zelf bepaald. Ze deed het nauwgezet, met één vinger.

Ook mijn gezondheid had haar aandacht. Als ik hoestte: 'Je wordt toch niet ziek, Judith.' En als ik een weekend naar het strand was geweest: 'Jammer Judith, je moet niet in de zon zitten, je bent zo mooi wit, straks ben je even bruin als wij.'

Hoe witter mijn huid, hoe mooier ze het allemaal vonden. Soms stonden de meisjes in een kring om me heen, raakten me aan en giechelden. 'Je bent zo mooi, Judith, en je hebt geen man. Waarom niet? Wil je geen man? Neem maar geen man hoor, mannen zijn slecht. Maar kinderen, wil je ook geen kinderen?'

'Ik heb jullie toch,' grapte ik.

Ze giechelden. 'Nee, Judith, zo'n lief klein babietje.' En ze maakten een wiegend gebaar met hun armen.

Hedia was wees, tenminste dat zei ze. Haar vader was omgekomen bij de slag om Bizerte. Haar moeder bij een brand van hun hut. Ze had nog een jonger zusje. Waar zij was wist ze niet. Misschien ook verbrand. Hedia wist niets meer. Ze had in Monastir gewoond, dat wist ze. Ze moest op school geweest zijn, ze sprak Frans, kon lezen en schrijven. 'Op een nonnenschool,' dacht ze, ze wist het niet.

'Waar op een nonnenschool?' vroeg ik. 'In Monastir?'

Ze wist het niet.

'En toen?' vroeg ik. 'Hoe ben je toen hier gekomen?'

'De politie heeft me gebracht.'

'Waarom?'

'Ik weet het niet, misschien omdat ik geen vader en moeder heb.'

'Ben je dan direct na de brand hierheen gekomen?'
'Ik weet het niet.'
'En je zusje?'
'Ik weet het niet.'

Ik zuchtte en probeerde het steeds opnieuw. Soms riep ik haar bij me, soms vroeg ik het haar onverhoeds wanneer ze met de andere meisjes aan het stoeien was in de middagpauze.

'Heb je familie?'
'Ik weet het niet.'

Soms werd ze verdrietig en huilde. Soms werd ze ongeduldig, kwaad. 'Echt Judith, ik weet het niet.'

Wat was dit, een schok, een trauma, geheugenverlies of loog ze? In het ziekenhuis vroeg ik het de psychiater. Hij wist het ook niet. 'Het kan geheugenverlies zijn, als gevolg van een ernstige psychische schok maar het kan ook dat ze een hysterica is, dat ze speelt. Als het dat is valt ze eens door de mand. Vraag de meisjes op haar kamer op te letten of ze soms wat zegt.'

Dat deden we maar Hedia zei niets. Ze zwoer bij het graf van haar omgekomen vader en haar verbrande moeder. 'Ze heeft niemand,' zeiden de meisjes, 'en ze weet niets. Muskina, arm kind.'

Meestal was Hedia vrolijk en opgewekt. Ze was een beetje brutaal maar niet echt lastig. Ze had een duidelijke, eigen mening. Ze was een persoonlijkheid, een lief moedertje maar ze kwam uit het niets. Soms was ze verdrietig, kwam m'n kamer binnen en zei: 'Judith, wanneer zoek je nu mijn zusje?'

'Lieve schat, ik weet niet waar ik zoeken moet.'

Ik vroeg de namenregisters van alle nonnenscholen in Monastir en omgeving. Niets. Ik vroeg Fatma: 'Wanneer is ze gebracht?' Drie jaar geleden, dacht Fatma, of vier jaar.

'Door wie?'
'Door de politie.'
'Door welke politie?'

Die van Tunis, dacht Fatma. Ze kon het nakijken. 'Ja, die van Tunis.'

Maar navraag bij de politie leverde niets op: een meisje, een wees. Ach er waren zoveel meisjes, zoveel wezen.

Tegenover de dokterspost stond een groot lichtblauw geverfd koffiehuis waar alleen mannen kwamen. Vanaf het moment dat ik met de meisjes naar de dokter ging had ik ernaar gekeken. Ik miste rond elf uur 's morgens mijn Hollandse kopje koffie.

Toen we weer eens op onze beurt moesten wachten kon ik de verleiding niet langer weerstaan: 'Beloven jullie dat je blijft zitten? Ik ga even koffie halen.'

'O Judith!,' ze sloegen hun hand voor hun mond, 'dat hoort niet.'

'Voor mij geeft dat niet.'

Hun moraal kon me gestolen worden. Ik wilde koffie. Ik had me nu lang genoeg aangepast. Ik vertikte het verder.

In het koffiehuis legde ik honderd milliemen op de tap.

'Een koffie met melk graag.'

De man achter het zink zette zwijgend mijn koffie neer en haalde het geld weg. Sommige mannen keken even op, mompelden wat maar praatten en dobbelden daarna rustig door.

Sindsdien ging ik vaker naar het koffiehuis, ook als ik niet met de meisjes naar de dokter moest. Geen van de mannen reageerde nog. Ik was geen vrouw, ik was een verschijnsel.

Op een morgen in het najaar toen ik er weer eens tussenuit wilde gaan, hield Fatma me staande. 'We kunnen hier ook wel koffie zetten, het is niet goed dat je daar tussen die mannen zit.'

Het kon me niet schelen wat ze wel of niet goed vond. Ik genoot van de koffie maar meer nog van de andere omgeving, van de mannen, hun spel, hun mimiek, hun gebaren. Maar Fatma keek me vriendelijk aan. Zou ze het werkelijk menen?

'Graag,' zei ik.

'Turkse koffie, vind je dat niet erg?'

'Nee, lekker juist.'

Terwijl ze daarna koffie brouwde op een kanoen en uitlegde hoe ze dat deed, zei ze: 'Ik wist niet dat je zo van koffie hield. Dat had je toch kunnen zeggen.' Voor het eerst keken we

elkaar recht aan.
'Ja,' zei ik.
Ze schonk een glaasje half vol en gooide het weer leeg in de pot. 'Waarom kom jij er steeds tussen als ik de meisjes sla?'
'Ik vind slaan zo naar.'
'Slaan jullie je kinderen dan nooit?'
Ik schudde mijn hoofd. 'Hoogstens een pak op hun billen als ze klein zijn.'
'Hoe moeten bij jullie kinderen dan respect voor ouderen krijgen?'

Het was een paar weken later, kerstvakantie, en ik zat naast Claire in de auto, op weg naar het zuiden. Ik staarde naar buiten, maar in plaats van het landschap schoten beelden uit het tehuis voorbij.
'Weet je,' mijmerde ik hardop, 'misschien begin ik nu pas te begrijpen dat ik niets begrijp.'
'Wat zeg je?' zei Claire en toen: 'Wacht even, volgens mij is dat daar El Djem.' Vóór ons, midden in het land, doemde een groot Romeins amphitheater. We reden er tweemaal omheen en lieten het daarna klein worden in onze achteruitkijkspiegel. 'Voor een andere keer,' zei Claire, 'dat halen we ook wel in een dagtocht.'
We wilden verder, de Sahara zien.
'Wat zei je daarnet?'
'Ach laat maar.' De indrukwekkende geschiedenis van dit oude land maakte elke gedachte klein. 'Laat maar, ik heb vakantie.'
Die avond sliepen we in de oase van Gabes. De volgende dag reden we naar Douz en tegen het einde van de derde dag bereikten we Zaafrane. De zon kleurde de hemel rood. We beklommen een hoog duin. Achter ons lag de oase van het dorp en voor ons, zover het oog reikte, een onmetelijke zee van zand. Duinen die zich vormden en hervormden op de bewegingen van de wind. Job. Ik schreef zijn naam in het

zand.

Via Gafsa en Tozeur trokken we de volgende dagen langzaam naar het noorden. Bij Aïn Draham, in de bergen, sneeuwde het.

'Stop!' riep Claire. Ze sprong uit de auto en danste uitgelaten tussen de schaars vallende vlokken, zoals ze eens midden op straat danste in haar badpak, toen we van het strand reden en plotseling terechtkwamen in een hevige langverwachte regenbui.

Oudejaarsavond was ik alleen. Ik kocht speciale koffie van Ben Yedder en opgekruld in mijn stoel met een boek spon ik een cocon om mij heen. Om twaalf uur hoorde ik via de radio-wereldomroep de slagen van de Big-Ben. Geluiden uit een verre wereld.

De volgende morgen schoot ik wakker omdat de klopper voor mannen klonk. In mijn ochtendjas liep ik naar de deur. Job stond op de stoep. Zwijgend stapte hij naar binnen en streek met de rug van zijn hand langs mijn wang.

Tunis, tweede jaar.

Rafika was van de galerij op de binnenplaats gesprongen. Opnieuw brak ze haar been. Het leek wel een epidemie. Sinds nieuwjaar hadden zich al vier meisjes naar beneden laten vallen. Drie braken hun been, één kwam er met kneuzingen vanaf.

'Ik wilde niet dood,' zei Rafika. 'Ik wilde alleen dat mijn moeder kwam. Heeft ze al geschreven?'

Ze had nog niet geschreven.

De sfeer in het tehuis was bedrukter dan ooit. De dagen drensden door. Buiten miezerde het onophoudelijk en binnen was het somber en koud. Verwarming was er niet. Wie een jas had, hield die aan. Geen van de meisjes had een jas. Ze droegen nauwelijks ondergoed, hun jurken waren niet warm genoeg en de meesten hadden ook geen schoenen. Van kou en vitaminegebrek kregen ze wintervoeten. Rood gezwollen klompen die etterend openbarstten. Sommigen konden nauwelijks lopen.

Bovendien raakte het tehuis overvol. Er kwamen wel meisjes bij, vooral zwerfkinderen, zoals elke winter, volgens Sahara, maar er ging nauwelijks iemand weg, op de paar na die kans zagen te ontsnappen. De slaapzalen waren overbezet. In de eetzaal lagen matrassen.

Tussen de meisjes ontstonden gevaarlijke spanningen die overdag smeulden maar 's avonds en 's nachts oplaaiden en de leiding tot wanhoop dreven. Er ontstonden ook andere spanningen. Ze kropen bij elkaar in bed. Wie nog geen geslachtsziekte had, kreeg het zo wel.

Sahara kwam in tranen bij me. 'Tegen jou zijn ze lief en aardig maar je moet ze eens zien als jij weg bent. Van zes uur 's avonds tot zeven uur 's morgens zitten wij alleen met die krengen. Er vallen nog eens doden, let maar op! En die lieve Rafika van jou, met dat gebroken been, die ligt vanuit haar bed de zaak nog verder op te stoken. Ze roept dat wij stommerds zijn, dat zij nog meer opleiding heeft dan wij. En het ergste is, ze heeft gelijk maar wat moet ik? Als ik ander werk kon krijgen, ging ik heus wel weg.'

Ik gaf Rafika twee boeken te leen. Een Nederlandse schooluitgave in het Frans over het leven van Albert Schweitzer - een vervelend boek maar ik had niets anders -en 'Le journal d' Anne Frank', al had ik geen idee of dat wel geschikt voor haar was. Het boek over Schweitzer gaf ze me als eerste terug.

'Waar ging het over?' vroeg ik.

'Over een dokter,' zei ze, 'die naar Afrika ging en zijn vrouw en kind in de steek liet, net als mijn vader. Misschien is hij ook wel naar Afrika gegaan.'

Toen ze 'Anne Frank' terugbracht, wees ze me op een tekst op de achterflap: 'Pages plein d'angoisse et d'amour qui ont déjà fait pleurer le monde entier.'

'Ik heb niet gehuild,' zei Rafika.

Terwijl ik in mijn spullen zocht of ik nog een ander boek voor haar kon vinden, klonk er gekrijs vanaf de binnenplaats. Even later stoof kleine Saida mijn kamer binnen. Haar ogen stonden groot in haar witte gezichtje en haar lijfje trilde. 'Judith!' en ze holde weer weg. Ik rende haar achterna, de binnenplaats over, de keuken in en intussen schreeuwde ze me toe wat ik daar met eigen ogen zag: 'Ze hebben de kokkin in een gamel met kokende soep gezet!'

Met een tweedegraads verbranding aan beide benen lieten we de kokkin in het ziekenhuis achter.

'Ze vroeg erom,' zei Sahara terwijl we terugreden naar het tehuis, 'het was een klein kreng. Maar toch, ze had ook dood kunnen zijn! En wie volgt er straks? We houden het zo niet. Er moet iets gebeuren!' Ze plukte zenuwachtig aan haar lip.

'Er moet iets gebeuren,' herhaalde ik Sahara's woorden. Met een ongekend zelfvertrouwen, waarvan ik de herkomst vaag vermoedde, was ik de trappen van het voorhuis opgelopen en stond voor het bureau van de directrice. Net als de meisjes was ik altijd wat bang voor haar geweest. Terwijl ik normaal vlot Frans sprak, zat ik bij haar te stotteren.

'Er gebeurt ook iets,' zei ze. 'De kinderen die keukendienst hadden zitten in het cachot en morgen al komt er een nieuwe kookster.'

'Dat bedoel ik niet.'

'Wat bedoelt u dan?' Verveeld nam ze, op haar verder lege bureau, de hoorn van haar toestel en begon een nummer te draaien. Ik dacht aan wat Simone mij eens vertelde. 'Die zit hier ook niet voor d'r lol. Ze komt uit zo'n familie - je kent dat wel - klinkende namen maar geen geld. Op een beurs van de staat mocht ze in Frankrijk rechten studeren, maar daarna moest ze aan 't werk natuurlijk. Mon Dieu, ze voelt zich doodongelukkig en snapt niets van de wereld waarin ze terecht is gekomen. Veilig op haar kamer belt ze de godganse dag met haar vriendinnen. Neem dat maar van mij aan.'

'Ik bedoel...'

'Ja...?'

Zei ze dat nu in de hoorn of tegen mij?

'De meisjes zitten hier maar. Er zijn er te veel. Doorstroming is er nu alleen wanneer ze ontvluchten. Ik zou willen nagaan waar ze vandaan komen, hun familie willen opzoeken. Wie weet kunnen sommigen naar huis. Dat zouden we dan aan de politie kunnen doorgeven.'

'De politie heeft er niets mee te maken. De kinderrechter plaatst ze hier. Wat dacht u?'

'Nou ja, de kinderrechter dan.'

'Die ziet ons aankomen...'

Er klonk een stem in de hoorn. De directrice keek me aan. 'Ik zal erover denken,' zei ze en maakte een wuivend gebaar met haar hand.

Een paar dagen later liet ze me roepen. 'Het zal mij benieuwen,' had ik tegen Job gezegd.

'Hoe denkt u dat te doen?'

'Ik zou willen beginnen met de meisjes die in en om Tunis wonen of zeggen te wonen.'

'Hoe moet dat met het vervoer?'

Daar zat natuurlijk de knoop. De dienstauto was er voor het huis maar alleen de directrice werd er in rondgereden. Het dienstbusje was nodig voor de ritjes naar het ziekenhuis.

Ze schraapte haar keel. 'Er moet altijd een auto op het terrein staan voor eventuele calamiteiten, dat zag u maar weer met de kookster.'

'Ik kan mijn eigen auto nemen.'

Die concessie moest ik dan maar doen. Niet dat ik mijn eigen auto niet wilde gebruiken maar het was onzin dat de directrice de dienstauto voor zichzelf hield.

Ze knikte. 'Goed. En dan nog iets. Ik wil dat u verslagen maakt van uw bevindingen, in tweevoud. Het orgineel zal ik zelf naar de rechtbank brengen. Verder kan Sahara de contacten met de arts en het ziekenhuis van u overnemen.'

Toen ik al bij de deur was, vroeg ze: 'Hoe staat het met uw Arabisch?'

'Ik kan me redelijk redden.'

Ze keek of ze me maar half geloofde. 'U kunt wel een van de leidsters of iemand van de administratie meenemen. Buiten diensttijd natuurlijk.'

Sahara keek stralend: 'O, neem mij mee, dan kom ik er nog eens uit.'

'Jij mag naar het ziekenhuis,' zei ik grootmoedig.
'Bij Allah,' zei Sahara, 'dan lopen ze allemaal weg.'

Kort voordat ik mijn speurtochten naar de families van de meisjes begon, hadden de steegjes, straatjes en bouwsels in de krottenwijken een nummer gekregen. Een hele verbetering, zei men. Ongetwijfeld zat er systeem in de nummering, alleen kon ik het maar niet ontdekken. Ik zocht me wezenloos, een hele sleep jongetjes achter me aan.

'Qu'est-ce que tu cherches, madame,' riepen de jongens, trots op hun schoolfrans. Maar ik keek wel uit hun de weg te vragen. Ik had allang begrepen dat dat in dit land een heilloze zaak was. Het was onbeleefd te zeggen dat je niet helpen kon, bovendien betekende het gezichtsverlies. Daar waren ook die jongetjes al diep van doordrongen. Liever stuurden ze me ik weet niet waar naar toe dan te erkennen dat ze het ook niet wisten. Toen de schare jongetjes achter me al te groot werd en zich al te veel opdrong, draaide ik me onverhoeds om en riep in bars Arabisch: 'Barra rauwwa,' donder op naar huis, de enige vloek die ik kende. Het werkte. Ze deinsden achteruit als een zich terugtrekkende vloedgolf, liepen elkaar voor de voeten, vielen over elkaar heen.

'Ze spreekt Arabisch,' hoorde ik hen mompelen. 'Ze spreekt Arabisch.' Ze namen de proef op de som en riepen me toe:

'Allèsj, madame?' Waarom?

'Allachater,' baste ik terug. Daarom.

Luid gemompel maar onmiddellijk daarna zette mijn gevolg zich weer in beweging. Na een paar minuten herhaalde zich het spelletje.

We moesten een wonderlijk schouwspel bieden en al gauw bemoeide een oudere man zich ermee. Onder veel verwijzingen naar Allah werden de jongetjes nu werkelijk naar de achterhoede verdreven en: 'Qu'est-ce que vous cherchez, madame?' Hier kwam ik niet onderuit en ik gaf mijn moeizaam verworven resultaat van een half uur zoeken en dolen op. Nu daalden we af naar veel te lage nummers, want niet alleen wist mijn ridder de weg niet maar ook kon hij geen getallen lezen. Eén voordeel bood zo'n begeleider. Hij hield de vuilwitte honden voor me op afstand. Hij deed alsof hij een steen van de grond raapte en naar de dieren smeet. Luid jankend dropen ze af, hun staart tussen de poten. Ik was als de dood voor die beesten. Er heerste nog algemeen hondsdolheid, bovendien waren de meeste dieren vals gemaakt om als waakhond te kunnen dienen. Onbekommerd kon ik nu genieten van de plaatjes die ik zag via de half openstaande deuren van binnenplaatsen. Vrouwen in onnavolgbare hurkzit, op platte voeten, hun achterste iets boven de grond. Ze regen pepers, om ze als kettingen te drogen te hangen. Ze rolden couscous op grote gevlochten rieten schalen. Ze boenden kleren in kleine zinken teilen. En overal daartussendoor liepen kinderen. Halfnaakte kinderen, van wie de kleinsten zelf de borst van hun moeder pakten.

Na drie dagen zwerven zei ik tegen de directrice: 'Ik moet de meisjes meenemen om me de weg te wijzen, op deze manier vind ik hun huizen nooit.'

De directrice keek zorgelijk.

'Ze kunnen weglopen.'

'Bij mij lopen ze niet weg.'

'Wat zal hun familie zeggen?'

'Dat weten we dan meteen!'

Ze zuchtte.

'Goed, doet u maar, al is het tegen de regels.'

En zo ging ik met kleine Saida haar moeder zoeken. Mijn auto parkeerde ik aan de rand van de krottenwijk. De jongetjes begonnen me al te kennen. In grote zwermen klauterden ze naar me toe, vanuit de diep gelegen wijk naar de steile heuvelrand, waar ik mijn auto zette. Ik pikte de brutaalste eruit: 'Jij past op mijn auto.' Ze zouden elkaar desnoods afbreken maar mijn auto zou geen krasje krijgen.

Ik wandelde met Saida door de straatjes. 'We gaan naar de grote wasplaats,' zei ze. 'Daar is altijd wel iemand die mijn moeder kent en die weet waar ik woon.' Want ook zij dwaalde in de wirwar van steegjes en zo vaak had ze niet buiten haar huis mogen gaan om nu de weg te kennen.

De vrouwen om de wasplaats verstomden toen ze ons zagen. Ze lieten het goed rusten en keken van Saida naar mij. Daarna drongen ze al vragend om ons heen, omhelsden Saida, raakten mijn kleren aan terwijl sommigen mijn hand pakten en tegen hun borst drukten. Met z'n drieën tegelijk brachten ze ons naar Saida's huis. Haar moeder was er niet.

'Zeg maar dat de maatschappelijk werkster is geweest,' zei Saida, 'en dat we morgen terugkomen.'

De vrouwen knikten vol ontzag.

Toen we opnieuw door de smalle straatjes kronkelden vroeg ik: 'Waarom denk je dat ik een maatschappelijk werkster ben?'

Ze keek verbaasd naar me op. 'Dat zie je toch zo. U zoekt moeders en verder kunt u alles. Lezen, schrijven, Frans spreken...'

De volgende middag stond Saida's moeder al voor haar hut op ons te wachten. Ze leek zo oud dat ze nauwelijks de moeder van Saida kon zijn. Ze drukte het kind tegen zich aan en streelde haar voorhoofd, haar wangen, haar ogen alsof ze haar beeltenis in haar handen wilde vastleggen. Zelf had ze Saida naar een rijke Tunesische familie gebracht om er de huishouding te doen. 'Ik kon niet langer voor haar zorgen. Mijn man had mij voor een andere vrouw verlaten. Ik schonk hem geen kinderen, geen zonen.' Intussen tastten haar vingers verder, haar ogen nu vol tranen.

'Ommi,' snikte Saida, 'niet huilen. Ik leer naaien en borduren. Ik krijg elke dag te eten en ik slaap in een echt bed.'

Ik wendde mijn hoofd af en dacht aan het meisje dat ik, sinds het drama met de kookster, 's avonds wel eens instopte, klein en verloren in dat echte bed.

Op een voorjaarsmorgen liep ik, aan de voet van het Hilton hotel, te dwalen in de daar liggende krottenwijk, toen ik plotseling oog in oog stond met Cherifa. Ze was enkele weken daarvoor ontsnapt. Ze keek even verschrikt maar liep niet weg. 'Verraad je me niet, breng je me niet terug?'

'Nee.'

Onze 'heropvoeding' leek mij aan Cherifa niet besteed. Ze was bijna achttien, een doorgewinterde prostituée en zou dat altijd blijven. Ze vormde een gevaar voor de kleinere meisjes die op haar kamer sliepen.

Ze keek me aarzelend aan. 'Heb je geld voor me? Ik wil naar de kust.'

'Als je wilt kan ik je een lift geven.'

Terwijl we naar mijn auto liepen, verbaasde ik me er vaag over dat ze me kennelijk volkomen vertrouwde. Ik zou haar toch zo naar het tehuis kunnen terugrijden?

Ze leek mijn gedachten te raden. 'Wij vertrouwen jou,' zei ze. 'Allemaal vertrouwen wij jou.'

Natuurlijk wilde ze daarmee de lift afkopen maar toch maakte haar opmerking me blij.

'Moet je meteen weer terug?' vroeg ze onderweg.

'Niet beslist, waarom?'

'Laten we dan naar Sidi Bou Saïd gaan.'

We dronken er koffie op een hoog gelegen terras en keken uit over de zee. 'Ik zag je hier laatst ook,' zei Cherifa. 'Je was met een man.'

'Hoe bedoel je een man?'

'Gewoon. Een man.' Ze gaf me een knipoog, met één oog, precies zoals het moest. 'Hij was net zo blond als jij. Het kon je broer zijn.'

'Het was mijn broer.'

'Mon oeil,' zei Cherifa in haar beste Frans, en verslikte zich in haar koffie.

Die avond zat ik lange tijd in het donker onder mijn oude olijfboom. Ik leunde met mijn hoofd tegen de stam en keek naar de sterren. Ik wist niets van sterren. Tijdens een klasseavond had de aardigste jongen mij eens het steelpannetje van de Grote Beer gewezen. Of de Kleine Beer, wat was het? Ik had meer op hem gelet dan op de sterren. Hij wees het trouwens ook aan een ander meisje. Zíj maakte gevatte opmerkingen en lachte.

Ik tuurde de hemel af en probeerde te begrijpen. Ik had een verhouding. Zo heette dat. Vrouwen die verhoudingen hadden waren zielige, middelbare juffrouwen die nooit een echtgenoot konden krijgen, of lichtzinnige schepsels die met lonkende ogen en uitdagende borsten arme huisvaders verleidden en hun vrouw en kinderen in het ongeluk stortten. Heel ver weg hadden we zo iemand in de familie. Ik kreeg haar nooit te zien en er werd alleen fluisterend over haar gesproken. 'Een lellebel,' zei mijn vader. Ze had een onecht zoontje. In de eerste zomer dat ik thuis was, kwam hij logeren. Ik beet in zijn arm en trok aan zijn haren. Hij schopte en zette een keel op. Hij bleek wel degelijk echt. Moest ik nu ook het beeld van zijn moeder herzien? Ik was geen middelbare juffrouw en ik had ook geen uitdagende borsten. Je mocht nooit mannen verleiden, zei mijn moeder, mannen hadden het toch al zo moeilijk met hun natuur.

Na die klasseavond vroeg ik me 's avonds woelend in mijn bed af hoe moeilijk mannen het niet moesten hebben, als mijn lijf al zo lastig was. Pas veel later ontdekte ik het verlossende plekje. Tot mijn verbijstering ontsluierde Job dat geheime plekje moeiteloos. Hoe kon hij weten wat ik zelf nauwelijks wist? Hij glimlachte. 'Wat ben je toch nog een klein meisje.'

Een klein meisje. Mijn vader zou het anders noemen en Cherifa ook.

Terwijl ik nog wat slaperig achter mijn bureau zat, stoof Hedia opgewonden mijn kamer binnen. 'Judith, ik geloof dat ik me iets herinner. Er was een mevrouw, mijn pleegmoeder.'

'Waar?'

'In Tunis, ik geloof in Tunis.'

'Waar in Tunis?'

'Ik weet niet meer hoe de straat heette, misschien kan ik het wijzen.' Ik nam haar mee in de auto en reed haar naar de buurt die ze me wees. Ze wist het niet meer. We reden wat rond. 'Daar,' zei ze plotseling. 'Dat huis.'

'Hoe heette die mevrouw?'

'Weet ik niet, kijk maar op de deur.'

Ik keek op de deur en noemde de naam aan Hedia.

'Ja,' zei ze stralend. 'Dat was het.' Toen zweeg ze even en haar gezicht versomberde. 'Maar als ze me nou niet meer moet? Ga jij eerst maar een keer vragen.'

De volgende dag ging ik alleen terug en belde aan. Een aardige, wat oudere vrouw deed open. Ik vertelde wie ik was en vertelde van Hedia.

'Ach ja,' zei de mevrouw, 'dat meisje, ik herinner mij haar. Ik ben haar pleegmoeder zeker niet. Hoe komt ze daar bij. Ze heeft hier eens aangebeld en gevraagd of ze bij me mocht komen werken. Mijn eigen hulp was al een tijd ziek, dus dat kwam goed uit. Ik heb haar aangenomen maar ze is maar een week bij me geweest. Ik merkte dat ze geld stal. Ik heb haar door de politie laten ophalen. Wat er daarna van haar geworden is, weet ik niet.'

'Toen is ze naar ons gebracht.'

Ik vertelde van Hedia dat ze wees was, dat ze nog een zusje had dat we niet konden vinden en dat ze zich niets herinnerde. 'Ya Allah,' zei de mevrouw, 'dat wist ik allemaal niet. Ik dacht nog, ik neem nooit meer zo'n meisje aan, zo zonder referenties. Wat een triest verhaal. En ze denkt dat ik haar pleegmoeder ben? Ya Allah, het was wel een lief meiske, netjes ook, sprak Frans, alleen dat stelen. Ik zal er met mijn man over praten. Misschien kunnen we haar in huis opnemen, als dat Allah's wil is. Ze kan toch niet altijd daar bij u blijven.'

De volgende dag belde ze. Hedia mocht terugkomen. Ze zou een eigen kamer krijgen en een goed loon, als ze maar niet stal. Hedia straalde.

'Wil je wel?' vroeg ik. 'Durf je wel, het leek me een aardige mevrouw maar verder weet ik niets van haar en van haar man al helemaal niet. Het zal er stil zijn, ze hebben geen kinderen.'

Maar Hedia was opgetogen: 'Dan heb ik weer een vader en een moeder.' Van het stelen herinnerde ze zich niets. 'Ik heb toch nooit gestolen, Judith?' En dat was waar. In het tehuis was ze een eerlijke, lieve meid.

Niet lang daarna bracht ik haar weg. Ze was een beetje zenuwachtig, ik ook en wij allemaal. Hedia hoorde zo helemaal bij het huis, bij ons. 'We zullen je missen,' zei ik. 'Als het niet goed gaat, mag je altijd terugkomen.'

Ik miste haar echt, m'n kleine moedertje.

Tien dagen later belde ze. 'Judith, kom me halen. Ik ben weggelopen.'

'Waar ben je?'

Ze noemde het postkantoor, vanwaar ze belde.

'Blijf daar,' zei ik. 'Ik kom.'

Ze stond een beetje witjes, verward, in dure kleren op me te wachten. 'Wat is er?,' vroeg ik.

'Ik wil met jou mee terug.'

'Wat is er gebeurd?'

'Die meneer, haar man, probeert steeds aan me te komen als zij weg is. Je weet wel, Judith, hij wil een vrouw van me maken maar ik wil niet. Ik ben bang.'

'Ach God, Hedia.' Ik nam haar mee terug. Ze glorieerde even in haar mooie kleren, die ze daarna onmiddellijk moest opbergen van Fatma. Anders werden ze vuil.

Even later slipte ze in haar oude bruine jurk m'n kamer binnen.

'Ach, Hedia.'

'Nou ja, ik miste jullie toch,' zei ze met een klein lachje.

's Middags ging ik naar haar mevrouw. Ik nam de kleren mee. Ik probeerde te vragen, uit te vinden wat er gebeurd was. Ik kwam er niet achter. Ik kon toch moeilijk rechtstreeks haar man beschuldigen. 'Ze heeft gestolen,' zei de mevrouw. 'Toen ik even weg was heeft ze mijn mooiste kleren gestolen en is vertrokken. Dan wil je eens goed doen en dan gebeurt er dat.'

Het bleek dat de kinderrechter, bij niet al te grote vergrijpen, de meisjes zonder veel moeite naar huis liet gaan, als de ouders maar in persoon kwamen verklaren dat ze hun dochter accepteerden. De meeste ouders deden dat wel, tenminste als ze een huwelijkskandidaat voor hun dochter hadden of anders een baantje. Een extra mond konden ze niet vullen, maar wie geld in het laatje bracht was welkom.

Werk, als je het al vond, kreeg je alleen als je een persoonsbewijs had. Geen van de meisjes was zo gelukkig. Een persoonsbewijs kon je alleen bemachtigen op vertoon van je geboortebewijs. Van de meeste meisjes was hun geboorte niet geregistreerd, in elk geval niet van hen die voor de onafhankelijkheid, voor 1956, geboren waren. Na overleg met de directrice ging ik naar de sjeik. Wilde hij alsnog geboortebewijzen voor onze meisjes maken?

De sjeik was een waardig man. Hij keek me lange tijd zwijgend en onderzoekend aan. Boven zijn halve brilleglazen stonden zijn ogen aarzelend. Toen nam hij een formulier van een stapeltje en legde het voor zich op zijn bureau. Hij streek het glad, draaide het om, en streek het weer glad. Uit een glimmende standaard zocht hij zorgvuldig een pen. Hij draaide die tussen zijn vingers en liet de achterkant in regelmatige tikjes op het papier vallen. Zijn handen waren doorschijnend wit. Oude handen, als die van mijn oma. Toen zuchtte de sjeik. Hij keek me opnieuw aan, doopte de pen in de inkt en begon met langzame zwierige halen het formulier in te vullen.

In Rades werd een conservenfabriek geopend en ik wilde proberen er een baantje te krijgen voor Khadouja. Khadouja's moeder ging met me mee. Ruim voor de opening stond er al een hele groep vrouwen voor de poort. We zouden zeker nog uren moeten wachten. Ik keek naar het mooi getekende gezicht van Om Khadouja en genoot intussen van het geklets en de opmerkingen van de vrouwen om ons heen. Maar Khadouja's moeder voelde zich gegêneerd omdat ik zomaar tussen al die vrouwen van het volk moest staan.

'We gaan naar zee,' zei ze. 'Ik zal u de zee laten zien.' Ze vroeg een jongetje zolang onze plaats in te nemen. Ik gaf hem tweehonderd milliemen. Aan het strand trokken we onze schoenen uit en liepen naar het water. De lucht was helder en blauw. In de verte zagen we Hamman-Lif en La Goulette en vaag daarachter de heuvels van Sidi Bou Saïd.

'Hoe laat is het?' vroeg Om Khadouja. 'Moeten we nog niet terug?'

'Nee,' zei ik, 'we hoeven nog niet terug.'

'Dan gaan we langs de zee lopen,' zei Khadouja's moeder.

Ik keek naar de wapperende safsari van Om Khadouja die als een gevangen vogel achter haar aan fladderde. Ze baarde elk jaar een kind, ze wist geen dag of ze die avond eten zou maar ze spatterde met haar voeten door het water, draaide zich naar mij om en lachte.

Later die dag nam ik de pont naar La Goulette. Toen ik aankwam gingen de slagbomen juist dicht maar de pontbaas deed ze voor mij weer open en organiseerde nog een plaatsje voor mijn auto. Ik stapte uit, ging op een bank langs de railing zitten en glimlachte naar hem. Hij glimlachte terug. De wind waaide, de golven klotsten, de lucht was helderblauw. We moesten vaart minderen, er kwam een grote boot voorbij. In de mast wapperde een rood-wit-blauwe vlag. Op de achtersteven stond 'Rotterdam'. Ik knikte naar de man en wees op de boot.

'Die komt uit mijn land.'

'Hoe heet uw land?'

'Holland.'

'O, Holland!' Hij proefde het woord en lachte. 'U spreekt Arabisch.'

'Ik woon hier.'

'Hoelang?'

'Bijna anderhalf jaar.'

‘Is dit een goed land?’

‘Een heel goed land.’

Hij lachte nu al zijn nog aanwezige tanden bloot en legde even in een gebaar van eerbied en hartelijkheid zijn hand op zijn hart.

Twee weken na deze wolkenloze dag mocht Khadouja naar huis. Dankzij de sjeik waren haar papieren in orde. Haar vader kwam haar halen. Maar ditmaal was de lucht betrokken. Een dag eerder had Khadouja’s oudste zusje zelfmoord gepleegd. Khadouja wist het niet. Ze was dol op haar zusje. Stralend kwam ze naar me toe. Ze droeg een mooie nieuwe jurk.

‘Heeft je vader die voor je meegebracht?’ vroeg ik.

‘Ja,’ zei ze. ‘Hij is eigenlijk van mijn zusje maar mijn vader zei dat ik hem vandaag aan mocht van haar omdat ik naar huis ga.’

Ik keek naar haar dansende krullen terwijl ze, drie passen achter haar vader, de lange oprijlaan afliep en dacht aan de wapperende safsari van haar moeder op die dag waarop het leek of de zon nooit onder zou gaan.

Een paar dagen later bezocht ik met Khadouja het graf van haar zusje. Zwijgend, onze armen om elkaar heen, liepen we over het ongelijke terrein met de witgekalkte stenen. Khadouja zag bleek maar was heel kalm. Haar ogen waren donker in haar witte gezichtje. Ze streek over haar nieuwe jurk.

‘Ze had geslapen met een getrouwde man,’ zei Khadouja. ‘Ze verloor voor altijd haar eer.’

Ik zweeg en schopte een steentje weg.

‘Allah heeft het zo gewild,’ zei Khadouja. Ze trilde een beetje maar ik zag geen tranen.

Job stond in zijn karakteristieke houding, handen in zijn broekzakken, voor mijn opengeslagen deuren naar buiten te staren. Ik vermoedde zijn blik ver weg, over mijn olijfboom, langs de ijle minaret, gericht op de heuvels tegen de horizon. Ik zat bij de tafel. Keek naar zijn stugge blonde achterhoofd, zijn schouders, zijn rug, zijn billen waar zijn broek strak omheen spande nu hij zijn handen in zijn zakken hield.

'Job, ik ga weg.'

Aan een snelle, korte beweging van zijn schouders zag ik dat hij mij gehoord en begrepen had. Ik ging geen straatje om, ik ging geen boodschap doen, ik ging echt weg. Nu zou hij zich omdraaien en zeggen: 'Welnee, Juud, jij hoeft niet weg. Wat een onzin.' En alle dingen die hij al zo vaak had gezegd. Dat het vanzelf wel over zou gaan enzo. Maar Jobs achterhoofd, schouders en billen zeiden niets. Alleen wipte hij nu van zijn tenen op zijn hakken en weer terug.

'Job!'

Hij draaide zich om, keek me aan. Met de rug van zijn hand wreef hij langs zijn neus en daarna langs zijn broekspijp. 'Jij hoeft niet weg Juud, ik ga.'

'Je ogen zijn helemaal rood,' zei Rafika, 'zeker weer te lang in de zon gezeten!' Rebah gaf haar een stomp. Ik draaide me om en vluchtte mijn kamer binnen. Op mijn bureaustoel zat Leila. 'We gingen vandaag mijn tante zoeken,' zei ze stralend, 'voor het adres van mijn ouders. Ik weet zeker dat ze het heeft.'

Zwijgend zat ik in de auto, Leila naast me.

De vorige avond had ik tegen Jobs' besluit geprotesteerd. 'Laat mij weggaan. Jij hebt belangrijk werk, een gezin. Ik doe maar wat.'

Maar hij had al vergevorderde plannen. 'Het wordt tijd dat ik eens wegga. Bovendien, jij doet niet maar wat.' Hij streek over mijn haren. 'Meisjes over hun bol aaien, wat kan er nou belangrijker zijn?'

Leila tikte tegen mijn wang. 'Je zit te suffen,' zei ze en knikte me bestraffend toe. Schuldbewust keek ik naar de weg. Ongemerkt had ik de stad achter me gelaten. In de verte zag ik het koffiehuis waar ik eens met Job zat onder de hoge eucalyptusbomen.

'Er is daar een café. Heb je zin in koffie, of iets anders?'

Ze schudde haar hoofd.

'Vind je het vervelend daar naar binnen te gaan?'

Ze knikte.

'Jij mag wel naar binnen, dan blijf ik in de auto. Ik beloof dat ik niet wegloop.'

'Welnee, het is jouw dag, ik had het niet moeten vragen.' We reden door.

'Mijn tante heeft wel koffie voor je,' zei Leila.

Na een slechte, onverharde weg vonden we haar tante in een hut achter een haag cactussen in het open veld. Het dak werd gestut door een Romeinse zuil, die daar toch maar in de grond stond. Naast de hut lag een berg afval waarop kippen scharrelden.

De tante ontving ons hartelijk en verrast. Natuurlijk had ze het adres. Al pratend sloot ze Leila in haar armen. Neefjes en nichtjes kluwden vragend om hen heen. 'Ik kan borduren,' zei Leila, 'en naaien en tapijtweven. Ik wil geld verdienen en dan naar huis.' Leila's tante knikte instemmend. Bij het weggaan hield ze mij tegen. Ze duwde een grote bos veldbloemen in mijn armen, kuste mijn hand en drukte die tegen haar hart: 'Moge Allah met u zijn en met uw kinderen en uw kindskinderen tot in lengte van dagen.'

Op de terugweg zwegen we allebei. Toen we weer langs het koffiehuis kwamen zei Leila: 'Laten we maar naar binnen gaan. Mijn tante had geen koffie.'

'Ik heb bloemen gekregen,' zei ik, 'ik ben daar heel blij mee.' Ik streek over haar krullen en beet op mijn lip. Meisjes over hun bol aaien? Maar mijn hand was machteloos en kon haar gevoel van vernedering en mijn schaamte daarover niet meer wegnemen.

Op een morgen aan het begin van de zomertijd zat er een jongen in het kamertje van Fatma. Hij had een aardig gezicht. Door zijn met water getemde haren liep een weerbarstige scheiding. Nu eens speelde hij met de knopen van zijn schoon gewassen overhemd, dan weer tokkelden zijn vingers op zijn met zorg verstelde broek. Zijn plastic teenslippers liet hij met kleine tikjes tegen zijn voetzolen klappen.

'Hij zoekt een vrouw,' fluisterde Sahara.

Een vrouw? In het begin begreep ik dat niet. De meesten van onze meisjes waren geen maagd meer, een aantal had in de prostitutie gezeten. Wat bracht jongens ertoe hier hun meisjes te halen?

'Ze hebben geen familie meer die een vrouw voor ze kan zoeken,' legde Fatma uit, 'en ze zijn nog opgevoed in de traditie dat een huwelijk voor hen geregeld wordt. Ze durven zelf geen meisje te vragen en weten ook niet waar ze op moeten letten.'

'Maar een meisje van hier?' vroeg ik verbaasd. Ons tehuis was tenslotte geen dameskostschool.

'Vergeet niet,' zei Fatma, 'de meisjes hebben hier wat geleerd: handwerken, koken, schoonmaken, hun lichaam verzorgen en soms een beetje lezen en schrijven. Er zijn jongens die dat belangrijk vinden. Belangrijker dan dat ze nog maagd is. Trouwens, niemand hoeft te weten dat ze dat niet meer is. De traditie om na de huwelijksnacht het bebloede laken te tonen is allang geen algemeen gebruik meer.'

Zo zat daar dus de jongeman. Taieb heette hij. Hij leek aardig, was recht van lijf en leden, niet al te oud en wat het belangrijkste was, hij had werk. Zo op het eerste gezicht een uitstekende huwelijkskandidaat.

'Wat denk je van Rebah?' vroeg Fatma. Er werden alleen meisjes uitgehuwelijkt die geen familie meer hadden of die door hun familie verstoten waren. De jongeman viel kennelijk bij Fatma in de smaak, Rebah was immers maagd.

'Rebah,' herhaalde ik. Ik dacht aan haar zachte ogen, haar betraande gezichtje: 'Ik heb niemand die van mij houdt' en haar deemoedige glimlach. Dit leek een zachtaardige jongen, hij zou misschien lief voor haar zijn.

'Och ja,' zei ik, 'waarom niet, we kunnen het haar vragen.' Ik haalde Rebah op uit haar klas en nam haar mee naar mijn kamer. 'Rebah,' zei ik, 'er is een jongeman. Hij zoekt een vrouw. Zou jij willen trouwen?'

Rebah's ogen lichtten op. 'O ja, Judith, o ja.' Daarna staarde ze een poosje zwijgend naar de vloer. 'Is hij knap?'

Ik zei dat hij er niet onaardig uit zag, dat hij een prettige indruk maakte maar dat we z'n antecedenten nog zouden natrekken.

Rebah's huwelijkskandidaat werd goed bevonden en na een paar weken kwam hij opnieuw langs, ditmaal om met haar kennis te maken. Ik ontving hem in mijn kamer en even later kwam Fatma binnen met Rebah. Ze had haar haar gevlochten en haar jurk gewassen. Ze zag er lief uit. Rebah keek even naar de jongen en draaide toen blozend haar hoofd af. Ook de jongeman keek, na haar nauwelijks te hebben aangezien, snel de andere kant op. Ik wenkte Rebah dat ze weg kon gaan.

De jongen stemde in met Rebah als vrouw en we spraken af dat hij haar na drie weken zou komen halen en intussen zijn papieren in orde zou maken. Wij van onze kant zouden voor Rebah's papieren zorgen.

'Wil je wel met hem trouwen?' vroeg ik later.

'Ja, Judith, o ja.' Rebah's ogen straalden opgewonden.

'Denk je dat je met hem zult kunnen slapen?'

Rebah draaide beschaamd haar hoofd af, keek me daarna recht aan en zei: 'O ja, dat kan ik wel. Ze zeggen dat het even pijn doet maar dat het dan niet erg meer is.'

Drie weken later ging Rebah weg. Ze had van ons een nieuwe witte safsari gekregen en een koffertje met kleren. Ze liep drie passen achter haar aanstaande echtgenoot, wat schuin naar rechts gebogen vanwege het zware koffertje. Ze keek niet eenmaal om.

Het waren dagen van afscheid want niet lang daarna vertrok ook Job. Ik begreep het niet helemaal en ook mijn huis kon hem niet onmiddellijk loslaten. Er stond een asbak die ik niet leeg durfde te gooien en de kraan in de badkamer was met kracht dichtgedraaid. Dat van die kraan merkte ik terwijl ik hem losdraaide en toen was ook dat er niet meer. De asbak nam ik in mijn hand en ik snoof de geur van zijn sigaretten. Tegelijkertijd merkte ik dat ik hem opgenomen had en dat hij nu niet meer stond op de plaats waar Job hem neerzette.

Op een middag, een paar weken na Jobs vertrek, viel ik flauw. Zomaar. Onder het kopje koffie na de maaltijd bij Simone.

Mon-grand-père was er als enige verdere gast en samen met haar moest hij me tijdig hebben opgevangen, want toen ik weer bijkwam lag ik zonder enig letsel op de stenen vloer. Dat was lekker koud.

Ik vond het gênant om flauw te vallen. Het hoorde bij hysterische dames. Eenmaal eerder was het me overkomen, ik was toen elf en nog helemaal geen dame maar zou dat spoedig worden volgens mijn moeder, en daar kwam het van. Dat kon deze keer de reden niet zijn. Simone hielp me naar het logeerbed in haar huiskamer en mon-grand-père verdween. Na een poosje kwam hij terug met een vrouw die ik eenmaal eerder bij Simone had ontmoet. Een in Tunesië geboren Franse arts, een pied-noir. Ze informeerde naar vroegere ziekten, luisterde en klopte. Had ik ergens pijn?

Ja, tussen mijn schouderbladen had ik pijn.

Hoelang al?

Een paar dagen.

Had ik me niet ziek gevoeld?

Nee, niet ziek, terneergeslagen.

Waarom terneergeslagen?

Zomaar, daarom.

Hoestte ik?

Ja, ik hoestte.

Na haar onderzoek trok ze ruw m'n bloesje weer naar beneden. 'Wat u verder mankeert, weet ik niet. Ik ben geen psychiater. Maar in elk geval zijn uw longen ontstoken.' Ze keek me verwijtend aan, alsof ik ze zelf ontstoken had. Met lucifers of zo.

'U speelt met vuur.'

Zie je wel.

'Longontsteking krijg je niet zomaar en flauwvallen is uit de tijd. U heeft geen enkele weerstand, u zorgt niet goed voor u zelf. Vandaag of morgen loopt u tb op in dat tehuis van u. Wilt u dat?'

Nee, dat wilde ik niet.

'Hoe oud bent u, achttien, negentien?'

'Drie en twintig.'

'Dan ziet u er veel jonger uit dan u bent.'

Ik wist het. Dat was geen nieuw gebrek.

'Als u hier nog langer blijft, dan ziet u er over een paar jaar veel ouder uit dan u bent. Wilt u dat?'

Het kon voordelen hebben.

'Waarom bent u hier?'

Weer zo'n moeilijke vraag.

'Wat bent u een idealist of gewoon een van huis weggelopen meisje?'

Ik overwoog de geboden mogelijkheden. Een combinatie van beiden leek mij de waarheid het meest te benaderen. Ik zou ook boos kunnen worden. Waren dit geen impertinente vragen? Maar boos worden kostte zo'n moeite. Ik zat in een soort tevreden waas. Ze mocht alles zeggen. Bovendien, bedoelde ze het goed. Het leek alsof ze ongerust was.

'Nou, zei ze, 'waarom bent u hier, een jonge vrouw als u gaat toch niet vrijwillig naar dit land?'

'Ik kon het niet laten.'

'Dat is een antwoord. Ik weet betere antwoorden, maar het is een antwoord.' Ze zuchtte en stond op. Ik vond het eigenlijk wel een goed antwoord. Je moest doen wat je niet laten kon. Je moest laten wat je niet doen kon, klopte dat ook? Ja, dat klopte ook. Langzaam doezelde ik weg.

Later op de middag kwam ze terug met een schoenendoos vol medicijnen. Die moest ik helemaal leeg eten maar het hoefde niet meteen. Ze was wat vriendelijker nu.

'Dit is geen land voor jonge vrouwen. Denk maar niet dat u gelukkig wordt met zo'n mooie Tunesische man en onder de buitenlanders heeft u ook niets te zoeken. U bent een makkelijk slachtoffer voor alle overspelige mannen en hun vrouwen zullen u wel met wantrouwen bezien. Zo'n onschuldig, jong meisje. En dan dat tehuis, al die ziekten en ellende. U moet echt op uzelf passen.' Ik vond haar aardig. Het zou handig zijn geweest als ik haar eerder had ontmoet.

En zo lag ik in het huis van Simone te luisteren naar de ochtendgeluiden. Voor geen goud zou ik er willen wonen, maar nu genoot ik. Jengelende Arabische muziek, de muezzin daar dwars doorheen, joelende kinderen, het gerochel van de oude Italiaanse aan de overkant van de binnenplaats en kijvende vrouw en beneden.

Simone hing over haar balkonnetje. 'Mon Dieu, hou eens op met dat geschreeuw, ik heb hier een zieke.' Men was niet onder de indruk. Simone schold, had niet in de gaten dat ze nu net zo hard meekijfde en dat ik eigenlijk van haar stem wakker werd. 's Nachts gooide ze steelpannetjes water leeg over krolse katten op de binnenplaats. Het water kletste op de grond, de katten sprongen krijsend weg en Simone vloekte ze na. Dat alles voor mijn rust. 's Morgens schuifelde ze op haar tenen langs mijn bed naar haar keukentje. Een badkamer was er niet. De eerste dagen waste ik me in een zinken teiltje dat Simone op een grote handdoek naast m'n bed zette. Later stond ik wat zwabberend voor de gootsteen. Zo langzamerhand wilde ik wel weer eens naar huis maar ze lieten me niet gaan, al was de koorts gezakt en de schoenendoos bijna leeg.

Claire bezocht me regelmatig, een enkele keer kwam Jean mee. Mon-grand-père bracht dagelijks rode granaatappels. Ze waren gezond maar smaakten nergens naar. Toch hield ik van ze om het mooie woord. Ze leken weggerold uit bijbelse vertellingen.

Ook de dokter kwam elke dag. Luisterde, klopte, was tevreden. Soms nam ze haar kleinzoontje mee, een donker jochie van een jaar of drie.

'Kind van haar oudste dochter,' fluisterde Simone, 'de vader liet hen zitten. Daarom is ze zo bezorgd om jou en gebeten op mannen.'

'Gelukkig ben jij verstandig,' vervolgde ze later, 'al moet ik bekennen dat ik schrok toen ik jou voor het eerst zag. Zo jong en dan dat blonde koppie. Ik dacht, mon Dieu, die gaat hier kapot.'

'Welnee,' zei ik en draaide mijn gezicht naar de muur.

'Nou ben je net Rebah,' zei Simone en woelde door mijn haar.

Toen ik beter was en terugkwam in het tehuis wachtte me een verrassing. Het ministerie had me een auto met chauffeur toegewezen voor tochten verder het land in. De chauffeur heette Mustapha. Hij was jong, had een vrolijk, open gezicht en, wat de meisjes hoogst belangwekkend vonden, hij was ongetrouwd. Ik mocht hem. Ook de meisjes zagen wel wat in hem.

'Trouw je met hem?' vroeg Hedia. Kleine Saida giechelde en Rafika knipoogde met twee ogen.

'Welnee meid!'

'Waarom niet? Hij is toch aardig en hij heeft goed werk. Wil je geen Tunesische man?'

Mijn ongehuwde staat bleef hen voor vraagtekens plaatsen. Hun moeders waren al jaren getrouwd toen ze zo oud waren als ik. In hun ogen was ik een goede partij, wat was er dan mis?

'Wil je familie soms een man voor je zoeken en wil jij de man niet die zij willen?'

Ik lachte.

'Nee, Judith, ik ben ernstig,' zei Hedia plechtig. 'Waarom zeg je het ons niet, wij zeggen ook altijd alles tegen jou.' Rafika knikte nadrukkelijk.

'Ik weet het niet,' zei ik en toen eerlijker: 'Ik kan geen goede man vinden.'

Maar dat gaf hun weer hoop. 'Neem dan Mustapha.' Ze zongen en dansten om mij heen. 'Mustapha, Ya Mu-usta-apha' en in hun grappige uitspraak van het Frans: 'Chérie, je t'aime, chérie je t'adore...' om na heel veel onverstaanbare tekst weer te roepen: 'Mustapha, Ya Mu-usta-apha...'

Fatma bekeek me met een glimlach. Ook zij begreep het niet.

Het leek of het ministerie ons tehuis plotseling had ontdekt. Niet lang na de komst van Mustapha moesten Fatma en ik bij de directrice komen. Ze had geld toegezegd gekregen dat ze mocht besteden aan iets extra's voor de meisjes. Hadden wij een idee?

'Ik zou graag willen dat ze nieuwe jurken kregen,' zei ik, 'wat vrolijker en niet allemaal hetzelfde.'

'En schoenen,' zei Fatma 'en ondergoed.'

Een paar weken later stonden er grote dozen in de hal en lagen er balen stof op de tafels in de eetzaal. De meisjes dansten er opgewonden omheen. Ze maakten hun kamers en kasten schoon om hun nieuwe spullen een plaatsje te geven. In de naaiklas verdrongen ze zich om de modetijdschriften die de lerares had meegenomen. Elk meisje mocht haar eigen model kiezen. Het huis gonsde en voor het eerst klonk er gezang. In de bovenhal betrapte ik de directrice die er ongelovig naar stond te luisteren.

'Wat zo'n paar simpele zaken niet kunnen doen,' lachte ik.

Ze keek me verbaasd aan en knikte.

'Nou zal je nog meemaken en beleven dat het hier leuk wordt en nou ga ik bijna weg,' mopperde Rafika.

Plagend trok ik aan haar krullen. Haar moeder had eindelijk geschreven. Ze zou aan het eind van de zomer Rafika komen halen en met haar beide dochters in Frankrijk gaan wonen.

Terwijl ik met Leila zat te praten kwam Hedia mijn kamer binnen. Ik zei dat ze op haar beurt moest wachten.

'Ja, maar ik ben ziek.'

'Hoe ziek ben je?'

'Zo ziek, dat ik dood ga.'

'Waaraan ga je dood?'

'Aan mijn voet.' Ze stak haar been in de lucht en wees mij op een wondje aan haar teen.

'Straks Hedia.'

Ze verdween en smeet woedend de deur achter zich dicht.

Even later kwam ze weer.

'Hedia, ik ben nog niet klaar!'

Weer viel de deur in het slot.

Voor de derde keer verscheen ze: 'Als je nu niet naar mijn voet kijkt, timmer ik je auto in elkaar!'

'Wat je ook doet, doe die deur dicht!'

Toen ik haar tenslotte ging zoeken vond ik haar inderdaad bij m'n auto. Ik zag een verhit gezicht, een kletsnat schort en opgestroopte mouwen. Naast haar stond een emmer sop.

'Wat doe je nou, gekke meid?'

'Ik was je auto, dat zie je toch!'

Ik keek naar haar norse snuitje. Arme Hedia. De een na de ander ging naar huis en met het vertrek van Rafika was ze ook nog eens haar beste vriendin kwijt. Daarnaast verloor ze langzaam maar zeker haar status onder de meisjes als een van de weinigen die met mij kon praten. Mijn Arabisch werd steeds beter en bovendien werden ze allemaal handiger in het vragen van mijn aandacht sinds ik begonnen was hun ouders te zoeken. Zou ik hen niet vergeten? Waren ze al aan de beurt?

Zo had Leila schoonmaakdienst en in drie dagen mijn kamer al vijfmaal tot in alle hoekjes gedweild. Opnieuw klopte ze die ochtend en kwam binnen met een zwabber.

'Is het alweer vies?'

Ze glimlachte verlegen.

'Judith, wanneer ga ik naar huis. Je weet nu toch het adres?'

'Wil je zo graag?' Haar ouders woonden ver, in de buurt van Tabarka.

'Ja, jij geeft me werk en dan ga ik naar huis.' Ze keek me smekend aan alsof ik stiekem een zak vol baantjes in mijn bureaula achterhield en dweilde daarna mijn kamer met een ijver als moest ze me daarmee vermurwen. Toen ze de deur uitging klopte ze weer, als teken van groot respect.

Een paar weken later bezocht ik met Mustapha haar ouders. Ze waren beiden blind. We hadden Leila niet meegenomen want hun adres was gemakkelijk te vinden. Ze woonden in het grafhuisje van een Marabout, een heilige. Omwonenden brachten dagelijks eten naar zijn ziel en daarmee was deze godsdienstige gewoonte tevens een sociaal gebruik. Als klein meisje had Leila bij haar oom en tante gewoond. Toen haar oom was overleden, kwam ze bij ons. Nu was ze zestien, een zelfbewust kind. Ze zou het best redden bij haar ouders. Ze kon goed handwerken, ik wilde proberen werk voor haar te vinden op een atelier in Tabarka.

De ouders overlaadden ons met goede wensen en zegeningen en terwijl ik buiten nog wat verdwaasd stond te knipperen tegen het zonlicht, zat Mustapha al in de auto. 'Ik zal je wat laten zien.'

'We moeten de ateliers in Tabarka af.'

'Daar hebben we straks nog alle tijd voor.'

Hij reed in de richting van de Algerijnse grens. De weg steeg en boog zich steeds dichter langs de zee. Tenslotte kwamen we in de uitlopers van het Atlasgebergte. De weg uitgehakt in de rotsen, de zee diep beneden ons. Vlak voor de grens was een uitzichtpunt. We stopten en stapten uit. Ik leunde tegen de railing langs de weg en keek over de eindeloze, diepblauwe zee. We waren heel vroeg weggegaan en op deze hoogte had de lucht nog iets van de tintelende ochtendfrisheid behouden. Mustapha hing een eindje verder over de railing.

'Mooi,' zei ik.

'Waarom ben je niet getrouwd?'

Een schaduw viel over de ochtend, de zee versomberde. Waarom altijd weer die stomme vragen?

'In mijn land is het onbeleefd zulke directe persoonlijke vragen te stellen.'

Mustapha keek oprecht berouwvol. 'Ik wilde je niet kwetsen maar ik dacht, misschien heb je een ziekte of zo, je bent geen non en ook niet oud, waarom zou je anders dit werk doen?'

'Ik heb geen ziekte, hooguit ben ik een beetje gek.'

'Ik zal niet verder vragen.' Gepikeerd staarde hij in de verte.

'Als ik trouw,' zei hij even later, 'zal ik nooit een tweede vrouw nemen. Het is verboden maar veel mannen doen dat toch. Ik zal dat niet doen. Ook zal ik mijn vrouw vrijlaten. Ze hoeft geen safsari te dragen als ze dat niet wil en ik zal haar goed behandelen.'

Juist toen ik eens wat later op mijn werk kwam dan anders, vond ik in het kantoortje van Fatma het voltallige personeel in stilzwijgen geschaard om een wat ouder echtpaar. De vrouw zat op Fatma's stoel en huilde zachtjes. De man stond zwijgend tegen haar aangeleund.

'We hebben op je gewacht,' zei Fatma.

Ik keek naar het echtpaar.

'Weet je wie dat zijn?'

Ik kon me niet herinneren de mensen ooit gezien te hebben.

'De ouders van Hedia,' zei Fatma.

'Wat?' Ik greep me vast aan de deurpost.

'Ze heet geen Hedia,' piepte Sahara zorgelijk, 'ze heet Melika.'

'Ze wonen hier nog geen kilometer vandaan,' zei Fatma. 'Een tante van een van de meisjes heeft Hedia herkend toen ze hier op bezoek kwam, ze was een buurvrouw van de ouders van Hedia.' De vrouw keek me wanhopig aan, begon harder te huilen en al snikkend in een zo rap Arabisch tegen me te praten dat ik haar niet verstond. De man probeerde haar te kalmeren.

'Haal eens een glaasje water,' zei ik tegen Sahara 'en laat ze eens in mijn kamer.'

Sahara deed wat haar werd gevraagd, de rest van het personeel begreep de hint en droop langzaam af.

'Waar is Hedia?' vroeg ik.

'In haar klas,' zei Fatma. 'Zal ik haar laten halen?'

'Ik weet het niet,' zei ik. 'Wat zou wijs zijn? Ja, doe ook maar en blijf er dan even bij. Ik weet niet wat dit gaat worden.'

Even later kwam Hedia mijn kamer in. Toen ze zag wie daar zaten bleef ze stokstijf staan en verschoot van kleur. Even dacht ik dat ze zou flauwvallen. Ik liep naar haar toe om haar op te vangen maar voor ik bij haar was stond ze al bij de vrouw.

'Ommi, ommi.' Ze begon hartverscheurend te huilen en ook de vrouw begon opnieuw. De man sloeg zijn armen om hen beiden heen en huilde ook.

Fatma en ik stonden het tafereeltje een tijdje stil aan te zien.

Toen ze wat gekalmeerd waren, vroeg ik Hedia: 'Wist je dat je ouders nog leefden?'

Hedia knikte betraand: 'O, het spijt me Judith, het spijt me.'

'Maar kind wat is er gebeurd, kun je het vertellen?'

Hedia knikte en hortend en stotend kwam het verhaal. Ze zat samen met haar zusje op de nonnenschool, zij in de zesde klas, haar zusje in de vijfde klas. Haar ouders waren arm, moesten veel geld betalen voor leermiddelen en hun schoolkleding maar lieten hen toch naar school gaan, ook al waren ze meisjes. Haar zusje was knap, de beste leerlinge van haar klas, maar Hedia zou blijven zitten. Op de dag dat ze dat gehoord had, nu bijna vier jaar geleden, had ze zich zo geschaamd dat ze niet naar huis durfde gaan. Al het geld hadden haar ouders nu voor niets betaald, bovendien zou ze nu ook nog bij haar jongere zusje in de klas komen. Ze zwierf een paar dagen rond, at van wat ze kon wegpikken en sliep 's nachts in greppels. Na een paar dagen begreep ze dat ze zo niet kon blijven zwerven. Ze zou een baantje zoeken en met het verdiende geld bij haar ouders terugkeren. De schande zou minder groot zijn als zij hun het geld kon terugbetalen. Zo kwam ze bij de mevrouw die ze later tegen mij haar pleegmoeder noemde. Maar ze verlangde naar huis en begreep dat het heel lang zou duren voordat ze voldoende geld bijeen had, daarom stal ze tien dinar. Ze werd betrapt, aan de politie overgeleverd en naar ons tehuis gebracht. Ze schaamde zich daarover zo diep dat ze besloot om haar ouders nooit meer onder ogen te komen. Ze gaf een valse naam op en mat zich een valse identiteit aan.

Haar vader was de eerste die de stilte verbrak na Hedia's verhaal. Hij begon luidkeels, zijn vuisten gebald naar de hemel, Allah aan te roepen. Hedia begon opnieuw te huilen en ook haar moeder huilde weer. Ik wist niets beters te doen dan ze zachtjes naar de tuin te dirigeren. Fatma bracht hun koffie die ze klaargemaakt had op haar kanoen. Uren bleven ze op de bank zitten praten en al die tijd dwaalden mijn gedachten af en gingen mijn ogen naar dat groepje dat ik nog juist vanuit

mijn raam kon zien. Hoe had Hedia dit in godsnaam, zonder zich eenmaal te vergissen, vier jaar lang kunnen volhouden?
'Eergevoel,' zei Fatma. Ze keek of ze het begreep.

Toen haar ouders weg waren sloop Hedia mijn kamer binnen.
'Judith, ben je heel boos op mij?'
'Kind, nee.'
'Ik heb je belogen en bedrogen.' Ze huilde weer.
Ik nam haar in mijn armen en wiegde haar een tijdje tegen me aan. Na een poosje zei ik: 'Hoe zat dat nu met die meneer, heeft die je werkelijk geprobeerd aan te randen?'
'Dat zei ik zomaar.'
'Waarom?'
'Ze waren heel lief voor me, ze wilden mijn vader en moeder zijn. Maar ik kon hun dochter niet zijn, ik had toch een vader en moeder.'
'Waarom zei je juist dat?'
'Ik had het gehoord van een meisje hier, haar stiefvader had dat gedaan.'
'Maar het was een ernstige beschuldiging.'
'Jawel, maar ik wist dat jij dat nooit kon uitzoeken. Ik wist niks anders, ik wilde niet weer stelen.'
'En die kleren?'
'Die had ik echt gekregen, bij Allah, geloof me Judith, die had ik gekregen.'

Een paar weken later kwamen haar ouders haar halen, samen met haar zusje en twee broertjes die tijdens haar afwezigheid geboren waren. Hedia lachte en huilde tegelijk. Ik bracht hen naar de poort en keek hen na tot ze om de hoek van de straat verdwenen waren. Net als Rebah keek Hedia niet eenmaal om.

In het najaar had ik een paar dagen vrij. Ik zou met Claire naar het zuiden en dan meteen proberen de ouders te vinden van twee negroïde meisjes uit de buurt van Zarzis. Tijdens mijn afwezigheid zou de rechtszitting van Leila zijn.

'Fatma denk je eraan dat je de stukken op tijd naar de directrice brengt, het zou erg zijn als die ouders helemaal voor niets kwamen.'

'Natuurlijk, maak je maar niet ongerust.'

Maar ik maakte me wel ongerust. Onze opvattingen van tijd en de kostbaarheid daarvan liepen nu eenmaal hemelsbreed uiteen. Hoe dikwijls waren ouders niet onverrichterzake naar huis gekeerd omdat een rapport dat klaar was en waaraan ik met zorg had gewerkt, domweg niet naar de rechtbank was gebracht. Het was een taak die de directrice zich had toegeëigend maar Fatma moest haar de stukken brengen, zo eiste het protocol. Maar ook al bracht Fatma de stukken, dan nog was het niet zeker dat ze niet in een bureaula van de directrice bleven liggen. Ik herinnerde me de keer dat Fatma zorgelijk mijn kamer was binnengekomen.

'Ik weet niet of ze er aan denkt. Ze is zo opgewonden. Ze moet naar de besnijdenis van haar neefje.' Het betrof een zitting van een meisje uit de buurt van Matmata. Voor de manier van reizen van haar ouders, te voet en liftend, dagreizen ver.

'Ik breng voor de zekerheid wel even een kopie. Ik rij er toch langs als ik naar huis ga.'

Nog voelde ik hoe ik ter plekke in de grond had willen zakken toen ik op het smalle houten trapje naar de kamer van de griffier, plaats moest maken voor de directrice die naar beneden kwam. Ze draaide haar hoofd af en sprak geen woord.

De volgende dag verwachtte ik een uitbrander. Maar ze knikte me minzaam toe en negeerde mijn hakkelende excuses. De oplossing was heel Arabisch. We hadden elkaar niet gezien.

Ik legde mijn hand op Fatma's schouder. 'Denk je er echt aan, en help je ook de directrice herinneren?'

'Natuurlijk!'
'Sahara, help jij Fatma herinneren?'
'Natuurlijk, ga nu maar.'
Een week later was ik terug.
'Ging alles goed met de zitting van Leila?'
'Leila? O, Judith, vergeten!' Fatma sloeg schuldbewust haar hand voor haar mond. Ook Sahara keek verschrikt. 'Ik zou nog wel helpen herinneren.'

'Wel verdomme,' riep ik, 'wel potverdomme. Snappen jullie dat dan niet. Die ouders zijn blind. Ze komen van heel ver. Het kost ze tijd, het kost ze geld en ze worden behandeld als oud vuil! Om over Leila nog maar te zwijgen. Vergeten, vergeten.' Ik was razend.

Plotseling zag ik dat ik een uitgebreid gehoor had gekregen. Daar stond Youssef, de oude chauffeur, daar de huishoudster, de nieuwe kookster, het personeel van de administratie, de tuinman. In plaats van gepast onder de indruk te zijn stonden ze allemaal stralend naar me te kijken.

'O, Judith!' Fatma kwam naar me toe, proestte en sloeg haar arm om me heen. 'Natuurlijk zijn we het niet vergeten. Hoe zouden we iets vergeten als jij het zegt. Leila zit al hoog en breed bij haar ouders. Maar we wilden graag nog eenmaal zien hoe kwaad je kan worden. Tegenwoordig word je nooit meer kwaad. Het lijkt wel of we alles goed doen.' Toen lachten ze allemaal.

Na veel regendagen was het een stralend zonnige dag. Toen ik tussen de middag terugkwam van een wandelingetje door de boomgaarden zag ik Myriem zitten, helemaal in haar eentje, achter het huis bij de keuken. In de verte klonk het gelach en gezang van de meisjes die in de voortuin aan het dansen waren. Myriem was eerder die week gebracht in een politiebusje. Haar hoofd kaal geschoren, haar grof gevormde gezicht scheef getrokken van angst en haar gang hompelend vanwege een horrelvoet. Ik zag haar komen vanachter het getraliede raam van mijn kamer en werd triest bij de aanblik van zoveel ellende en bij de gedachte aan het onherroepelijke lot dat haar in het tehuis te wachten stond: helemaal onderaan in de pikorde. Terwijl ik vanuit de boomgaard naar haar toeliep keek ze wat schuw naar me op.

'Wat zit je hier helemaal alleen?'

'Ik mag niet meedoen met de anderen. Ze zeggen dat ik niet dansen kan.'

'Bij ons is dat een liedje. Maar ik kan dansen als een edelman, dat is één, dat is twee.' Pas toen ik bij vier bij haar neerknielde, zag ik de tekening die ze in het zand gemaakt had en die ze gegeneerd met haar goede voet probeerde uit te wissen: een vrouw die een kindje zoogde.

Was het om die tekening of was het om Myriem? In elk geval kocht ik de eerstvolgende zaterdag een schetsboekje en tekenpotloden voor haar. Maandagmorgen ging ik haar halen in haar klas. De andere meisjes protesteerden heftig: 'Ze is hier nog maar pas, ze is nog niet aan de beurt.' Ik knipoogde naar alle verongelijkte gezichten. Was dit in het begin al een verrassend gebaar, nog steeds had mijn knipoog zijn uitwerking niet verloren. Ze giechelden, probeerden terug te knipogen en vergaten boos te zijn.

In mijn kamer wees ik Myriem te gaan zitten op de stoel die ik naast mijn bureau zette. Ik legde het schetsboekje en de potloden op haar schoot.

'Ze zeggen dat jij niet dansen kan. Je kunt ook niet dansen maar je kunt heel mooi tekenen, dat heb ik gezien. Je zou moeten proberen niet te denken aan wat je mist en niet kan, maar te zoeken naar wat je hèbt en wel kan. Dat is het geheim.'

'Het geheim van wat,' zei ze onwillig.

'Van een beetje gelukkig leven,' zei ik hulpeloos.

Ze zweeg en keek naar haar voeten. 'Mag ik nu gaan?'

'Ja, ga maar.'

Half op de gang bleef ze staan en stak het schetsboekje omhoog. 'Bedankt,' zei ze nors.

Lange tijd staarde ik naar de dichte deur.

De herfst ging voorbij en het werd winter. Ik was dikwijls bij Simone en de weekenden maakte ik dagtochten met Claire. We bezochten het Romeinse Dougga, zagen het aquaduct van Zaghouan en liepen op kousevoeten in de moskee van Kairouan.

'Zeven maal Kairouan, is eenmaal Mekka,' zei Claire terwijl we erheen reden. Ze had de Guide Bleu op haar knieën.

Rond de kerstdagen hadden we dat jaar beiden betaald verlof.

'Ik weet nog niet of ik naar huis ga,' zei ik tegen Claire. We dronken thee in haar flatje en snoepten Zwitserse chocola die haar moeder had gestuurd.

'Waarom zou je niet?' Claire trok verbaasd haar wenkbrauwen op.

'Och...' Ik omklemde met beide handen mijn kopje en tuurde naar de theeblaadjes op de bodem.

In het huis van mijn ouders was het stil geweest. Een drukkende, beklemmende stilte. 's Avonds en 's nachts waren er stemmen, harde stemmen en slaande deuren. Ik lag diep onder de dekens. Mijn zakdoek gebald tegen mijn mond. Op één van die avonden kwam mijn moeder.

'Waarom slaap je niet?'

'Gaan jullie scheiden?'

'Welnee.'

'Maar jullie maken ruzie.'

'Daar hoef je niet om te huilen. Jij maakt toch ook wel eens ruzie?'

Na die avond verdwenen de stemmen maar de stilte bleef, in elk geval in mij.

'Kind, kijk niet zo bedrukt. Waarom bederf jij toch altijd de sfeer?'

Toen ik uit Frankrijk kwam was er niets veranderd.

'Ik zou maar eens bedenken wat ik ging doen,' zei mijn vader al na een paar dagen, 'in huis kun je niet blijven rondhangen, zeker niet met zo'n gezicht.'

'Vormingsklas,' suggereerde mijn moeder zachtjes. 'Daar heb je altijd wat aan. Bovendien, als je niet kunt koken... het is waar dat mannen eten belangrijk vinden.'

'Doe liever Schoevers,' zei mijn vader, 'voor als je eens alleen komt te staan of onverhoopt overblijft.'

'Ik denk dat ik weer wegga,' zei ik, 'ontwikkelingshulp of zo.'

'De feestdagen blijf ik in Tunis.' Ik nam een flinke slok van mijn thee en zette mijn kopje neer.

Ik boekte een vlucht voor begin januari. Op Schiphol zag ik niemand om mij af te halen. Ik miste de trein en moest daarna lang wachten op de bus.

'Kind, wat ben je laat!' Mijn moeder keek of ik een schoolmeisje was dat op een ongepast uur van een feestje kwam. 'De anderen zijn al naar bed. Je moest zelf ook maar gaan. Je zult wel moe zijn, dan kun je morgen vertellen.'

'Nu hebben we nog niets van Judith gehoord,' zei ze de volgende avond toen mijn vader de televisie uitdraaide. 'We hebben het ook zo druk allemaal en die film had jij toch ook niet willen missen?'

'Morgen is ze er toch ook nog,' bromde mijn vader. Hij richtte zich op en keek me aan. 'En alsjeblieft niet weer dat verongelijkte gezicht. Dan had je beter weg kunnen blijven.'

Later die dagen bezocht ik het graf van mijn oma. Ik dwaalde door de winterse lanen van de begraafplaats tot ik eindelijk haar steen vond. Ik staarde naar de naam die mijn naam was en naar de jaartallen daaronder. Ik zocht met mijn ogen een bankje maar zag alleen een cementen onderstel. De zitting was voor de winter weggehaald.

Veertien dagen later had ik een rechtstreekse vlucht terug. De lucht was helder toen we langzaam daalden. Ik zag het strand van Raoued, hutjes omgeven door cactushagen, de witte huizen van Sidi Bou Saïd. Langs het terras van het gebouwtje waarin zich de aankomst- en vertrekhal bevond, staken struiken kerstrozen felrood af tegen de witte muren en de blauwe lucht. Twee jaar geleden ontmoette ik daar Job. Nu zou er niemand staan. Maar plotseling ontdekte ik op het terras, wat afzijdig van het gedrang, een kleine, tengere gestalte: mongrand-père. Hij lachte verlegen toen ik op hem toe liep. 'Ik hoorde van Simone dat je zou komen. Ze moest werken. Maar een oude man heeft niet veel te doen en ik heb maar één kleindochter.' Hij gaf me een ruikertje jasmijn zoals Tunesische mannen soms achter hun oor dragen.

De volgende morgen liep ik wat onwennig de oprijlaan op naar het tehuis. Uit alle ramen hingen meisjes. Ze staken hun armen zo ver mogelijk door de tralies, riepen en zwaaiden. Ik herkende de kleine Saida, Myriem, Zeineb, en zelfs de bescheiden, teruggetrokken Souad. Fatma stond in de deur te glimlachen en Sahara gaf me een zoen. Even later kwam Youssef mijn kamer binnen, hij straalde.

'Waar was je?' vroeg hij.

'In Holland.'

'Mabrouk, ik was bang dat je weer ziek was.' Hij plooide de kraag van mijn jasje goed en veegde over mijn schouders alsof hij me van vreemde smetten wilde ontdoen, nu ik weer in het eigen nest was.

TUNIS, DERDE JAAR

Bij een koffiehuis midden in het land, naast een wasplaats onder hoge eucalyptusbomen, hield de weg op en waaierde uit in een aantal karresporen die naar alle kanten de heuvels in bogen. Met Mustapha en Zeineb was ik, ver in het zuiden, op zoek naar de vader van Zeineb. Ze was veroordeeld wegens landloperij nadat ze wegliep uit het gezin waar haar vader haar plaatste. Een zwager had haar éénmaal bij ons bezocht, maar al meer dan een jaar had niemand meer iets van de familie gehoord. Zeineb mocht naar huis, tenminste als haar vader haar hebben wilde.

Een man kwam uit het koffiehuis en slenterde naar een groepje ezels onder de bomen. Mustapha stapte uit en liep naar hem toe. Hij vroeg hem zeker de weg want de man wees met brede armgebaren. Mustapha zette zijn handen boven zijn ogen en tuurde de heuvels in.

'Is het nog ver?' vroeg ik. Ik was naast Mustapha gaan staan en stootte hem zachtjes aan. De man kneep zijn ogen tot spleetjes en nam mij onderzoekend op.

'Een half uur lopen.'

'Te voet of op de ezel?'

'Op de ezel.'

Ik zuchtte. Dat betekende ruim een uur te voet.

De man keek van mij naar Mustapha en daarna naar Zeineb in de auto. Zonder woorden draaide hij zich om en verdween het koffiehuis in. Even later kwam hij terug en begon drie ezels los te maken. Gehurkt over de touwen om hun voorpoten zei hij: 'Maar wel voor de avond terug zijn, dat heb ik binnen beloofd.'

Achter elkaar gingen we op pad. Eerst Mustapha, daarna Zeineb, dan ik. Vanaf de hellingen die eerst verlaten leken kwamen kinderen in vliegende vaart naar beneden rennen.

Jongetjes op blote voeten, in gescheurde broekjes en meisjes met een jonger broertje of zusje op de heup.

'Wie zijn jullie, waar komen jullie vandaan, waar gaan jullie naar toe?'

Sommigen bleven alleen maar staan en keken naar ons met grote ogen. Anderen liepen een eindje mee en verdwenen dan weer de heuvels in. Bij het begin van het dorp van Zeinebs vader stonden oude mannen in groepjes langs de weg te praten. Ze verstomden, keken zwijgend naar ons en joegen de kinderen die nog achter ons aan liepen weg. Rond de hut van de vader van Zeineb lag een zanderig erf, omgeven door hoge cactushagen. Tussen de gaten in het vale groen zag ik een oude man op de drempel zitten, ogenschijnlijk in gedachten verzonken.

'Is dat je vader?'

Zeineb knikte nauwelijks merkbaar. We maakten onze ezels vast aan een boom en liepen aarzelend het erf op. Zeineb schoof achter mijn rug en verborg haar gezicht in haar handen. De man moest ons allang opgemerkt hebben maar hij bleef onbewogen voor zich uitstaren.

'Ya sidi...' zei ik.

De man riep iets naar binnen waarop een oude vrouw de hut uitkwam. Ze keek verwonderd naar ons op, zag toen Zeineb. Ze snelde op haar toe en sloeg jammerend haar armen om haar heen. Achter de vader langs voerde ze Zeineb de hut in. Even later kwam er een jongere vrouw naar buiten die twee krukjes in het zand zette. Daarna bracht ze op een kleine ronde tafel drie kopjes Turkse koffie. We gingen zitten. Zeinebs vader gebaarde ons de koffie op te drinken. Zelf liet hij zijn kopje staan. Hij duwde zijn verschoten chachia wat verder naar achteren, schoof zijn witleren slippers heen en weer in het zand en plooide zijn schoongewassen witte djellaba in steeds wisselende draperieën over zijn wijde broek waarvan het kruis tussen zijn knieën hing. Hij zweeg en wij zwegen met hem. Tenslotte pakte hij zijn kopje, leegde het met langzame teugen, bekeek het daarna nauwlettend terwijl hij het ronddraaide in zijn hand en zei toen plotseling tegen mij: 'U brengt mij mijn dochter terug?'

Ik knikte: 'Ik breng u uw dochter terug.'

Tot mijn verbijstering zag ik twee trage tranen uit zijn ogen rollen. Hij liet ze begaan.

'Allah is groot.'

Hij zweeg opnieuw. Na lange tijd zei hij: 'Allah schonk mij geen kinderen, geen zonen. Allah is groot. Allah schonk mij tien dochters.' Hij slikte en vertelde zijn verhaal. Hij had geprobeerd ze een goede opvoeding te geven. Hij liet ze alle dingen leren die vrouwen moesten weten om ze tot goede echtgenotes te maken. Hij waakte over hun kuisheid. Eenmaal in de week begeleidde hij ze zelf naar het badhuis maar verder bleven zij binnen de omheining van zijn erf.

'Ik zocht goede mannen voor mijn dochters en ze schonken hun mannen kinderen, zonen.' Hij zweeg opnieuw en vervolgde toen: 'Alleen met Zeineb liep het anders. Zij is mijn jongste, een nakomertje.' Hij keek over de cactushaag naar de heuvels in de verte. 'De tijden veranderen. Haar moeder zei me dat ik mijn dochter naar een goede familie in de stad moest laten gaan. Ze zou daar zaken leren die een vrouw van deze tijd weten moet.' Hij boorde zijn tenen in het zand. 'Naar vrouwen moet je niet luisteren, maar ik liet mij overhalen. Ik word oud. Ikzelf bracht mijn dochter naar Tunis. Ik had dat nooit mogen doen. Niemand anders dan ik had over haar kuisheid mogen waken.'

Hij schopte de slippers van zijn voeten en schudde ze uit. 'Allah heeft haar gestraft. Ik moest haar verstoten. Maar Allah heeft ook mij gestraft. Zij is mijn liefste dochter, mijn jongste. En nu komt u, een vreemde vrouw, u spreekt me aan in mijn eigen taal en u zegt me dat u mijn dochter terugbrengt. Het kan niet anders of dit komt van Allah. Allah heeft mij vergeven. Allah wil dat ik haar terugneem.' Hij schoof de slippers aan zijn voeten. 'Maar mijn schoonzoons, de negen mannen van mijn dochters... Zonder u gezien te hebben zullen zij niet geloven dat u van Allah komt. Wees zo goed en ga met mij mee, bezoek met mij mijn schoonzoons.' Hij pakte mijn hand en legde die op zijn borst.

Ik keek naar Mustapha en dacht aan de ezels die voor de avond terug moesten zijn, maar Mustapha knikte.

En zo trokken we door het dorp. Voorop de vader, naast hem Mustapha, daarachter liep ik met Zeineb. Na elk bezoek aan een schoonzoon sloot zich een nieuwe stoet familieleden bij ons aan. De vader ging steeds rechter lopen, knikte naar alle dorpelingen, alle nieuwsgierigen: 'Hier is Zeineb, Zeineb is teruggekomen. Allah heeft dat zo gewild.'

In het donker zochten we onze weg terug naar het koffiehuis. Het ezeltje van Zeineb stapte gehoorzaam achter ons aan. Geen van de mannen leek verontrust toen we zo laat waren. In deze gemeenschap vertrouwden ze elkaar en hadden ze de tijd. Aan de tap dronken we koffie en aten we groengekookte eieren met een stuk oud brood.

'Het was een goede vader,' zei Mustapha. 'Een man die van zijn dochters houdt is een goede vader.'

Een man die van zijn dochters houdt... Ik nipte aan mijn koffie.

'Je moet je brood niet zo verkruimelen,' zei Mustapha. 'Daar wordt het niet lekkerder van.'

Een minister bracht met zijn gevolg een bezoek aan het tehuis. Kort daarop werden er butagaskachels bezorgd, voor elk vertrek één. Om beurten mochten de meisjes in kleine groepjes om de kachel staan en hun handen en voeten warmen, zoals wij op school om beurten onze jassen en mutsen droogden over het ijzeren scherm rond de potkachel.

De meeste meisjes droegen nu trouwens schoenen en de ergste wintervoeten bleven uit. Vanuit de dokterspost kwam er tweemaal in de week een verpleegster, een lang, donker meisje van het Amerikaanse Peacecorps. Ze bewoog zich schichtig door het huis maar was een grote hulp voor Sahara.

'Ze lijkt niks op jou,' zeiden de meisjes, 'en ze komt nog wel uit jouw land.'

'Ze komt helemaal niet uit mijn land,' zei ik en trachtte, tevergeefs, net als indertijd voor mijn buurjongen licht te brengen in donker Europa. Maar op een ochtend in het voorjaar hadden ze het plotseling begrepen. Ze stonden me joelend en dansend op te wachten bij de poort.

'Je moet trakteren! Kruuf, Ajax dat is toch jouw land? Je hebt gewonnen, jouw land heeft gewonnen!' Ze lachten en schaterden. Eindelijk hadden ze me thuisgebracht.

Andersom begon ook het buitenland Tunesië te ontdekken. Soms meende ik op straat plotseling Job te zien, maar altijd was het een blonde toerist en er kwamen er steeds meer.

'Over een jaar of tien,' zei Jean somber, 'is de kust vergeven van de hotels. Dan wordt het hier net zo'n kermis als in Span-= je. Je zult het zien.'

Ik ontmoette hem weinig, eigenlijk alleen als ik Claire van kantoor kwam halen. Maar op een dag wenkte hij mij vanaf het terras van Café de Paris. Naast hem zat een jongen met kastanjerode krullen en een olijk gezicht vol sproeten.

'Jeap,' stelde Jean voor, 'een landgenoot van je.' En onmiddellijk daarna: 'Je komt als geroepen, we hadden het net over je.' Hij schoof een stoel bij en bestelde koffie voor me.

Ik keek naar de jongen. 'Jaap dus,' stelde ik vast.

Hij lachte. Hij studeerde sociologie. Voor onderzoek voor zijn doctoraalscriptie, mede gefinancierd door de organisatie, zat hij een paar maanden in een dorp in het zuiden. Af en toe wilde hij een weekend naar Tunis. Zou hij dan bij mij kunnen logeren, vroeg Jean zich af. 'Tenslotte zijn jullie landgenoten.' Ik vond het prima, als Jaap kon instemmen met mijn behuizing. Na de koffie gingen we meteen maar even kijken. Jaap was verrukt over mijn onderkomen maar zag niets in de logeerkamer.

'Zo warm, ik slaap liever in die open bijkeuken.'

'De bijkeuken?'

'Ja, op een matje en een schapevel, dat doe ik in mijn dorp ook. Heerlijk koel en hier zal dat verrukkelijk zijn onder de blote hemel. Dat jij dat nooit doet!'

Ik keek naar het nauwelijks twee meter hoge muurtje en bedacht wie daar allemaal overheen konden klimmen.

'Dat durf ik niet,' zei ik.

Drie weekenden later kwam hij. Hij bleek een gezellige gast. Praatte honderd uit over 'zijn dorp', was geïnteresseerd in de verhalen over 'mijn meisjes', bovendien kookte hij graag. De eerste de beste avond maakte hij een pan soep van verse tomaten. Ik was dol op tomatensoep.

'Waarom doe je dat dan zelf nooit?'

'Ik haat koken.'

'Dan kook ik, als ik hier ben.'

Alleen, de volgende ochtend, sprongen er tientallen vlooien tegen mijn benen toen ik de keuken binnenkwam.

'Jassus!'

Jaap keek schuldbewust. 'Die komen uit mijn schaap, ik ben inmiddels immuun.'

'Dat schaap eruit, of jij eruit.'

'We kunnen hem in de wasmachine stoppen.'

'Ik heb geen wasmachine, sufferd.'

'Hoe was je dan?'

'Gewoon in een teil op een wasbord, net zoals de vrouwen in jouw dorp, alleen, die hebben geen wasbord.'

'Denk je?'

'Dat weet ik zeker. Ik zie het al, je observeert alleen mannengedrag.'

'In de vrouwenwereld kom ik niet binnen.'

'Maar ze wassen buiten jongen, op wasplaatsen of in riviertjes en slaan het goed tegen de stenen.'

'Waarom ga jij geen sociologie studeren?'

'We hadden het over een schaap.'

Met vereende krachten stopten we het schaap in bad en hingen het aan een tak van mijn oude olijfboom te drogen. Zelf gingen we daaronder zitten. Het huis was niet te betreden. Je kwam om in de insecticide.

De weekenden met Jaap vlogen voorbij. Het laatste weekend bleef hij een paar dagen langer. Wanneer ik 's middags thuis kwam stond mijn stoel al in een schaduwplekje onder de olijfboom. Terwijl ik koude citroen dronk, maakte Jaap de maaltijd klaar. 's Avonds zaten we onder de olijfboom te zwijgen of te praten. Jaap vertelde over een oude Toeareg die hij had ontmoet in een nederzetting aan de grens met Algerije. Hij had hem verteld over de zeden en gebruiken van zijn volk. '- Bij ons kiest de vrouw de man. De Arabieren eren hun vrouwen niet. De vrouw is als de aarde. Er groeit nieuw leven in haar. Wie zou niet de aarde eren. We moeten haar verzorgen, bewerken, bevloeien. Als de aarde vochtig is, zal het zaad ontkiemen -'

Ik vertelde van het tehuis en kleine Saida. We waren naar de rechtbank geweest en ze mocht naar huis. Ze danste en straalde. De volgende morgen stond ze al voor de grote poort in een nieuwe jurk op me te wachten. '- Kind -' zei ik, '- wat ben je mooi. Je hebt een nieuwe jurk! -' '- Ja -' zei ze, en ze tilde zwierig haar rokje op '- en een nieuwe onderbroek ook -'

Jaap glimlachte. 'Hoe oud is ze?'
'Acht,' zei ik.
'Waar zat ze voor?'
'Kindermoord.'

's Morgens als ik opstond had Jaap al thee gezet en verse croissantjes gehaald met een kluitje echte boter. We zetten een houten tafeltje en poefs op het terras en genoten van het ontbijt in de prille ochtendzon tot ik me met moeite losscheurde en naar de meisjes ging.

Souad woonde ruim vijf jaar bij ons, het langst van alle meisjes. Klein en bescheiden zat ze achter haar weeftoestel en liet zonder ophouden haar spoel door de draden schieten.

'Je bent hier al zolang, Souad, zou je niet eens weg willen?'

'Waar moet ik heen? Ik heb alleen een vader en misschien een zusje. Mijn vader wil mij niet meer hebben.' Ze vertelde een onduidelijk verhaal. De hele familie had tyfus gehad. De gezinsleden kwamen in verschillende ziekenhuizen terecht. Souad was als eerste hersteld en in het huis van een broer van haar vader opgenomen. Die had zich aan haar vergrepen. Daarna was ze door de politie naar ons gebracht.

'Waarom denk je dat je vader je niet meer wil hebben?'

'Zo gaat dat bij ons, ik ben geen maagd meer.'

'Dat is toch jouw schuld niet.'

'Dat heeft er niets mee te maken, het is altijd de schuld van de vrouw.'

Ik zuchtte. 'Waar woont je vader?'

'Ik weet het niet precies. Ergens bij een bron in de buurt van Tabarka.'

'Wil je een keer met me mee om te zoeken?'

'Nee, ik kan daar niet komen.'

Op een dag aan het begin van de zomer was ik met Mustapha in de buurt van Tabarka om Leila te bezoeken bij haar ouders in het grafhuisje van de Marabout. Ze maakte het goed en we hielden ons bezoek kort.

Daarna gingen we op zoek naar de bron. We vonden een meertje in de heuvels. Er ontsprong een beek die zich in verschillende watervalletjes naar beneden stortte. Overal om het water groeide frisgroen gras en bloeiden kleine, wilde cyclamen. Mustapha ging zitten. Ik plofte naast hem neer, trok mijn schoenen uit en liet mijn voeten in het heldere frisse water bungelen. We dronken koffie uit een thermosfles en aten ons brood op. Mustapha liet zich achterover vallen.

'Hier houd ik mijn siësta.'

Ik duwde tegen zijn schouder. 'Zo vinden we die vader van Souad nooit.'

Zuchtend stond hij op en samen klommen we verder de heuvels in naar waar we in de verte kleine bebouwde perceeltjes zagen. Er was een landarbeider aan het werk. We vroegen hem of hij Othmani M. kende. Hij kende er twee. De ene woonde vlakbij, de andere een uur gaans aan de andere kant van het bos dat op de top van de heuvel lag. Hij dacht dat we de tweede moesten hebben. Die had een dochtertje dat op een schooltje zat, tien minuten lopen aan de andere kant van het meer. Als we snel waren konden we haar nog treffen. Zij wees ons dan wel de weg. We holden naar het schooltje. Het dochtertje was er niet meer, wel een buurjongetje. Hij liep met ons mee. Toen we het bos uit kwamen lag daar een kleine buurtschap van enkele lemen hutjes temidden van wat bewerkte veldjes. De jongen wees ons de hut die we moesten hebben.

We klopten. Othmani deed open en liet ons binnen. Hij beduidde ons te gaan zitten op de dikke rietmat die als bed diende. De hut was vrijwel leeg. Een hoek was afgeschermd met een lemen richeltje waarachter kuikentjes scharrelden. Ik wees ernaar en lachte. Othmani lachte ook: speelgoed voor zijn dochtertje.

Had hij een dochtertje?

Ja, van tien jaar. Van zijn hele familie had Allah alleen haar gespaard. Hij legde zijn hand op zijn hart en riep Allah aan. Aan zijn pols blikkerde een groot horloge. Het stond stil.

'Ya baba,' zei Mustapha, 'zal ik je zeggen hoe laat het is?'

Othmani knikte dankbaar. Hij was vergeten het horloge op te winden en al in geen weken was hij iemand tegengekomen die de tijd wist.

'Baba,' zei Mustapha, 'ik geef jou de tijd en jij vertelt ons het verhaal van je leven.'

Othmani stelde zijn horloge gelijk en vertelde: 'Ik had een vrouw en twee zonen. Mijn vrouw en mijn zonen zijn aan tyfus overleden. Allah is groot. Ik nam een nieuwe vrouw. Zij schonk mij vier zonen en twee dochters. Mijn vrouw, vier zonen en een dochter zijn aan tyfus overleden. Allah is groot. Eén dochter heb ik nog. Een nieuwe vrouw kan ik niet betalen. Dit is mijn leven. Allah is groot.'

'Baba,' zei Mustapha, 'je vertelt ons het verhaal van je leven en je weet niet wie wij zijn.'

'Het is Allah's wil. Hij heeft u gezonden. U brengt mij de tijd, ik vertel u het verhaal van mijn leven. Zo is het goed. Het is Allah's wil dat wij broeders zijn.'

'Allah heeft ons niet zomaar gezonden,' zei ik en ik vertelde hem wie we waren, waar we vandaan kwamen en in wat voor een tehuis ik werkte. 'Nu is er in ons huis een meisje en dat heet Souad M.,' zei ik en ik keek Othmani recht aan. Hij hield mijn blik vast maar zijn gezicht verried geen enkele emotie.

'U weet dat?'

'Ja,' zei hij moeilijk.

'Zij is uw andere dochter?'

'Zij is dood. Illi fät mät.' Wat geweest is, is geweest. Hij vertelde het verhaal dat Souad mij ook verteld had.

'Souad kan dat toch niet helpen.'

'Voor mij is zij dood.'

Op een middag stond onverwacht Rebah in mijn kamer. Haar zachte, kinderlijke gezichtje had iets vrouwelijks gekregen en zijn rondingen verloren. Aan haar bolle buikje onder haar safsari zag ik dat ze haar echtelijke plichten had vervuld. Ik gaf haar een zoen.

'Gaat het goed met je, Rebah?'

'Ja, o, ja.'

'Is het een goede man?'

'Ja, o, ja. Hij heeft goed werk en hij slaat me niet.'

'Wanneer komt het kindje?'

'Over zes weken, zo Allah het wil.'

'Mabrouk, wees gezegend. Gaat alles goed?'

'Ja, o, ja.' Ze stond even wat aarzelend tegenover mij, legde toen haar hand op mijn platte buik, keek me met haar glanzende ogen aan en zei: 'Waarom jij niet, Judith, waarom jij niet?'

Die avond betrapte ik mezelf voor de spiegel. Mijn handen op de lichtblauwe buik van mijn ochtendjas. Ik stak mijn tong uit naar mijn dromerige ogen. Ik zou trouwens eens iets nieuws moeten kopen. Dit lichtblauwe ding werd oud en dan ook nog die babykleur.

Precies op de uitgetelde datum werd Rebah's dochter Melika geboren. Taieb kwam het ons vol trots vertellen.
Diezelfde dag nog ging ik de baby bewonderen. Ik had een tas vol kleertjes bij me, eendrachtig gebreid en genaaid door het hele personeel. De baby lag met een gaaf rond kopje tegen Rebah's schouder op het rieten matras onder wat lappen. Ze was in diepe slaap.

'Pak haar maar even,' zei Rebah.

Ik pakte het hummeltje voorzichtig op en hield het warme lijfje tegen me aan.

'Lief hè?' zei Rebah. Haar ogen glansden.

Ik begroef mijn gezicht tegen het geurende lijfje en durfde

pas na een poosje Rebah weer aan te zien. Het was niet de eerste keer dat wij beiden tranen in onze ogen hadden.

Op de terugweg zat ik te dromen en reed over een grote steen mijn benzineleiding lek. De auto hikte nog even door maar daarna was het bekeken. Het gebeurde niet ver van mijn huis. Ik liep de laatste kilometer.

De volgende morgen bood Mustapha aan om mijn auto na het werk op te halen en te repareren. We sleepten hem met zijn oude brikje naar mijn huis. Mustapha lag er de hele avond onder. Tenslotte kwam hij er bezweet, vol vegen over zijn gezicht en met gitzwarte handen weer onder vandaan. Maar zijn vuil omrande ogen straalden. Het was hem gelukt. Ik bedankte hem uitbundig en we dronken nog wat onder mijn oude olijfboom. Ik wilde hem iets geven maar ik wist niet wat. Drank en sigaretten had ik niet in huis en geld zou hij zeker weigeren. Ik keek naar zijn zwarte gezicht, zijn haren die op zijn bezwete voorhoofd plakten en zei, denkend aan zijn huisje dat ik eenmaal bezocht en waar geen stromend water was: 'Wil je soms even in het bad?'

'Graag.'

Ik gaf hem een handdoek en ging in de kamer zitten lezen. Na een half uurtje kwam hij schoon en verfrist binnen. Hij had mijn handdoek om zijn heupen geslagen en hield die met één hand vast. In zijn andere uitgestoken hand droeg hij zijn kleren.

'Hier, wil je die even wassen.'

'Even wassen?'

'Ja, dan zijn ze morgenochtend droog.'

Mijn gedachten tolden over elkaar heen. Wat was dit, wat bedoelde hij?

'Wil je hier blijven slapen?' vroeg ik dom.

'Ja natuurlijk,' zei hij, 'wat anders?'

Ik begreep er niets van. Dagen was ik met Mustapha opgetrokken, samen hadden we door de velden en het bos gelopen op zoek naar de vader van Souad, uren hadden we in de auto gezeten, rijdend door streken waar nauwelijks iemand woonde. Nooit had hij me lastig gevallen of zelfs maar een dubbelzinnige opmerking gemaakt na zijn eerste voorzichtige toespeling aan de zee bij Tabarka. Hij was een prima, betrouwbare kameraad geweest en nu ineens dit.

'Dat kan niet,' zei ik bot.

'Dat kan niet?' Hij ging op de stoel tegenover me zitten.

'Ik kan hier toch geen mannen onderdak bieden,' zei ik, hopend dat een verwijzing naar zijn eigen moraal hem tot rede zou kunnen brengen.

'O nee?' zei hij. 'En die jongen dan, die hier regelmatig overnachtte? De hele buurt spreekt ervan.' Er begon boosheid door te klinken in zijn stem. Zo kende ik hem helemaal niet.

'Die sliep hier niet,' zei ik, 'die logeerde hier alleen maar, ik bedoel...' Ik begon te stotteren.

'Daar sliep jij niet mee?' Hij klonk nu werkelijk onaangenaam.

'Nee, natuurlijk niet.'

'Ik vind dat anders helemaal niet zo natuurlijk, was dat geen man dan, of doen ze er bij jullie niet aan.'

Nu werd ik kwaad.

'Hoor eens,' zei ik, 'hoe het ook is, je gaat hier weg.'

'Ik hoor het al,' zei hij, 'ik ben te min voor madame, wou je me soms zo over straat laten gaan?' Hij wees op zijn handdoek.

'Het kan me niet schelen hoe je gaat,' zei ik, 'dat is jouw zaak, in elk geval blijf je niet hier.' Tot mijn verbijstering stond hij op en beende met nijdige stappen de kamer uit, naar buiten. In zijn ene hand zijn kleren, met zijn andere nog steeds mijn handdoek vasthoudend. Even later sloeg zijn autoportier en hoorde ik hem rammelend wegrijden. In opperste verwarring, verschrikt maar ook wat giechelig, bleef ik achter.

De volgende middag vertelde ik het voorval lachend aan Simone. Ik had besloten dat het een komisch verhaal was. Simone lachte niet mee.

'Mon Dieu, nu ben je zolang hier,' zei ze kwaad. 'Je zou zo langzamerhand hebben kunnen weten dat het tegen de wetten van de koran is om over je gewassen lichaam vuile kleren aan te trekken. Toen jij hem aanbood een bad te nemen, bood je hem in zijn ogen iets heel anders aan. Natuurlijk was hij nijdig toen bleek dat jij je halverwege terugtrok. Je hebt hem in zijn hemd gezet.'

'In mijn handdoek,' probeerde ik nog grappig te zijn, maar Simone was tot geen lachje te bewegen.

'Je hebt hem diep beledigd, hij zal zich wel niet meer laten zien.'

'Ik bedoelde het goed,' probeerde ik nog.

'Met goede bedoelingen kom je er niet. Je moet je verstand gebruiken!'

In de poort voor de hammam zat een waarzegster. Ze droeg de felgekleurde kleren van het platteland. Haar oorbellen tikten tegen haar schouders. Het zonlicht speelde met de kettingen om haar hals en weerkaatste in de grote zilveren hangers. Gelukshandjes, vissen en halve manen. Haar met henna rood-bruin gekleurde handen veegden regelmatig over haar licht getatoeëerde gezicht. Een tekentje boven de neuswortel en twee op de wangen onder de ogen. Ook haar onderarmen droegen tatoeages. Ze zat in de bekende hurkzit tegen de muur zonder met haar achterste de grond te raken. Soms wiegde ze even op de geverfde zijkanten van haar voeten en zag ik haar rood-bruine voetzolen.

Ik stond tegen de andere muur en wachtte op Claire. We zouden naar de hammam. Met Simone en Sahara was ik er een paar maal eerder geweest en ik zou het haar laten meemaken. De vochtige bedompte lucht, de kleurige handdoeken die te drogen hingen aan de zoldering. De zwijgende vrouwen die je wasten, boenden tot op de meest intieme plekjes alsof je een pas bevallen kraamvrouw was. De masseuses die met washandjes van touw rolletjes vel van je lichaam stroopten. De zonnebloempitten kauwende vrouw die met plakken bijenwas je benen onthaarde en alles wat je maar onthaard wilde hebben. En dan al die andere badende vrouwen, hun zware, donkere lijven, hun gebaren, hun schijnbaar kijvende stemmen. Eindelijk bevrijd. Met de kleren ook het juk van de mannen afgeworpen. Naakte walkuren, wellustige Suzanna's in bad.

Maar Claire kwam niet. Misschien was er iets tussengekomen. Ik besloot nog vijf minuten te wachten. Ik had geen zin alleen de hammam in te gaan. Ik genoot als ik binnen was, ondergedompeld, maar tevoren moest ik steeds een lichte walging overwinnen. Mijn witte lijf samen met al die donkere, glimmende lijven in hetzelfde door zeepresten en God-weet-wat-voor lichaamssappen grijs-wit gekleurde water, het gerochel, het gespuug.

Een jongeman onderhandelde met de waarzegster. Liep weg,

kwam terug, liep weer weg en verdween tenslotte.

Ik geloofde niet in welke toekomstvoorspelling dan ook maar het wachten begon me te vervelen en ik kon de donkere blik van de vrouw die me al net zo observeerde als ik haar, niet langer weerstaan. Ik hurkte voor haar neer en legde mijn hand met de palm naar boven op haar rokken. Ze bedekte hem met haar vlakke hand.

'Hoeveel?'

'Eén dinar.'

Ze knikte, pakte mijn hand op en bracht die naar haar ogen. Hoewel ik het allemaal onzin vond, merkte ik toch dat ik trilde. Ze omsloot mijn hand met de hare en legde hem terug in haar schoot. Ze keek me aan en schudde haar hoofd.

'Uw ogen bedriegen. U leek een gewone, jonge vrouw. Lachende ogen...'

Ik kon haar moeilijk verstaan, ze sprak een lokaal dialect.

'Lachende ogen maar er is verdriet.'

Ze pakte weer mijn hand en bestudeerde hem langdurig.

'Ik zie een meisje in een bruin manteltje.' Ze zweeg, bestudeerde, schudde haar hoofd en keek me opnieuw aan.

Mijn verleden kende ik zelf wel maar mijn toekomst?

'Zal ik trouwen?'

'U trouwt tweemaal,' zei ze gedecideerd.

Tweemaal? 'Dan mag ik wel opschieten.'

Ze keek verstoord. 'Mektoub.'

'En kinderen?'

'Geen kinderen.'

Ik trok mijn hand weg en verborg hem achter mijn rug.

'Waarom geen kinderen?'

Ze haalde haar schouders op. 'Allah is groot.'

'Tweemaal trouwen en geen kinderen?'

Ze zuchtte. 'Allah zij met u.'

En met uw kinderen en met uw kindskinderen, tot in lengte van dagen. O nee, niet voor mij. Ik gooide een dinar in het bakje. Claire was er nog steeds niet.

Ik was weer in de buurt van Tabarka en had Souad gevraagd een brief aan haar vader te schrijven. Als we tijd hadden wilde ik hem die brengen.

Er was een andere chauffeur. Meer dan ooit miste ik Mustapha. Ik had hem niet meer teruggezien. Soms betrapte ik me erop dat ik thuis voor de geopende kastdeur stond te staren naar het stapeltje handdoeken dat mijn moeder me meegaf toen ik wegging: twee gele, twee mint-groene, twee roze en één lichtblauwe. De andere lichtblauwe droeg Mustapha voor eeuwig om zijn lendenen.

We waren vroeg klaar en met de brief van Souad op zak begonnen we de tocht naar de bron en vandaar naar de beploegde veldjes. De chauffeur mopperde. 'Wat een gedoe om zo'n meisje.' Toen we bij het bos kwamen weigerde hij om verder te gaan. Hij was ingehuurd om te chaufferen, niet om met mij door bossen te lopen. Hij ging zitten aan de rand van een greppel. Ik moest doen wat ik niet laten kon. Hij wachtte wel. Ik aarzelde. Ik durfde niet alleen dat bos door, bovendien was ik bang dat ik het pad niet kon terugvinden. Maar ik voelde de brief in mijn zak en zag in gedachten Souads bescheiden, gelaten figuurtje. We waren nu zo dichtbij. Ik vroeg het nog eens aan de chauffeur. Hij weigerde.

'Vraag het hem maar,' zei hij en hij wees op een jongen die een eindje verderop een kleine kudde schapen stond te hoeden.

Ik liep naar de jongen toe.

'Ken jij Othmani M.?'

Hij knikte.

'Zou je hem voor mij willen halen, dan pas ik op je schapen.'

Hij keek me verbijsterd aan.

'Ik geef je 500 milliemen.'

Hij griste het geld uit mijn hand en rende het bos in.

Ik ging op een hoop stenen zitten en keek naar de schapen. Af en toe gooide ik een kiezeltje naar een schaap dat te ver dreigde af te dwalen zoals ik zo dikwijls de herdersjongens had zien doen. Dit kon uren duren. Waarom was ik zo gek? De kans dat de jongen Othmani mee terug nam was klein. Othmani zou er geen enkele behoefte aan hebben mij te zien, iets van zijn dochter te horen. Het duurde uren.

'Laten we maar weggaan,' zei de chauffeur.

'We zullen toch in elk geval op die jongen moeten wachten, ik kan zijn schapen toch niet laten lopen.'

'Ach, die vindt hij wel weer.'

Op dat moment zag ik iets aan de bosrand bewegen. Uit de schaduw van de bomen kwam eerst de jongen, vlak achter hem Othmani. Ik sprong op en wilde naar ze toe hollen.

'Blijf zitten,' zei de chauffeur. 'Het is niet gepast naar je minderen toe te rennen.'

'Het zijn mijn minderen niet en in mijn land is het wel gepast.' Ik liep, beheerst nu toch, naar ze toe. Ik bedankte de jongen en begroette Othmani volgens het gebruikelijke ritueel.

'Ik heb een brief voor u van Souad.'

'Ik kan niet lezen.'

'Uw dochtertje kan toch lezen?'

'Zij kan geen brief ontvangen van haar dode zusje, bovendien ligt ze in het ziekenhuis.'

Ik schrok. 'Wat heeft ze?'

'Een ongeluk, ze is gewond aan haar oog en haar hand.'

Haar oog en haar hand! Had ze gestolen? Oog om oog, tand om tand, hand om hand. Ook in dit land waren deze oude wetten verboden. Maar hier, in deze afgelegen streek, hanteerde men hier zijn eigen regels?

'Wat vreselijk.'

Othmani veegde langs zijn ogen.

'Is het ernstig met haar, kunt u haar opzoeken?'

Hij vertelde dat ze herstellende was en dat hij haar eens in de week bezocht in het ziekenhuis van Beja.

'Maar als u dan toch daar bent,' probeerde ik nog eenmaal, 'kunt u dan niet voor één keer doorrijden naar Tunis?'

Hij schudde zijn hoofd. Hij reed altijd mee met mensen van

zijn buurtschap. Niemand zou begrijpen wat hij ineens in Tunis moest doen.

'U kunt toch iets verzinnen,' probeerde ik.

Weer schudde hij zijn hoofd. Toen groette hij mij. Hij deed het met een plechtig gebaar. Hij pakte mijn hand en legde die op zijn hart. Ik deed hetzelfde. 'Moge Allah met u zijn.'

Ik liep naar de chauffeur maar toen ik een paar passen gedaan had, riep Othmani mij terug. Ik draaide me om. Ook hij kwam naar me toe. 'Ik wil toch graag de brief aannemen.'

Nadat we weer uit elkaar gegaan waren, riep hij opnieuw. 'Ik ben dagloner, ik heb nu werk, ik kan niet weg. Als de oogst voorbij is, in oktober, dan kom ik.'

Ik pakte zijn handen, zijn ogen glansden.

'Moge Allah met u zijn,' we zeiden het beiden tegelijk.

Opgetogen liep ik naar de chauffeur.

'Hij komt.'

De chauffeur haalde zijn schouders op. 'Wie vertrouwt er nou zo'n man.'

Toen ik 's avonds moe maar tevreden thuis kwam, lag er een dikke brief van Jaap. Er rolde een foto uit van een mooie Tunesische jongen, genomen op het strand van Gabes. Achterop stond met potlood geschreven: Habib, mijn vriend.

De volgende morgen liep, zoals wel vaker, Hedia bij me binnen. Ze droeg haar jongste broertje op haar heup en hield de oudste bij de hand.

'Mijn moeder is erg ziek,' zei ze, 'ze ligt in het ziekenhuis. Ze gaat dood. We willen allemaal zo graag nog naar haar toe. Wil jij ons brengen in je auto?'

Met haar en haar broertjes haalde ik haar vader en zusje op en reden we door naar het ziekenhuis. Haar moeder lag alleen in een kamertje, roerloos. Ze was die ochtend overleden.

Met barstende hoofdpijn was ik op weg naar Rebah toen ik bij Café de Paris mijn dokter tegenkwam. Ik had haar inmiddels meermalen ontmoet aan de druk bezette tafel bij Simone. Ik mocht haar en ik mocht haar niet. Ze boeide me maar benauwde me ook.

'Laten we wat drinken.'

'Ik heb hoofdpijn.'

'Een reden te meer.'

'Ik moet nog ergens naar toe.'

'Dat kan wachten.'

Dat was waar, in dit land kon alles wachten. Bovendien wist Rebah niet dat ik kwam. We streken neer en bestelden beiden een geperste citroen met ijs en sodawater.

'Zo, u heeft hoofdpijn.'

Alsof ze niet wist waar m'n hoofd zat greep ze naar m'n voeten. Ze liet haar handen hoofdschuddend langs mijn benen omhoog glijden tot boven m'n knie. Zo inspecteerde ze eerst m'n ene been en toen m'n andere been.

'U heeft hoofdpijn, wat een wonder, uw voeten en benen zijn ijskoud. U bent te gespannen, uw bloed kan niet goed doorstromen, dat geeft deze klachten. Uw vaten communiceren niet, dat komt omdat u zelf in zijn algemeenheid ook niet communiceert.'

Ik nam een slok van mijn citroen. Hield het koude glas tegen mijn slaap. Ze was toch geen psychiater had ze ooit gezegd? Waarom dan dit geleuter? Wat kletste ze nou toch, ik communiceerde niet?

'Hoe bedoelt u?'

'U kunt ongelooflijk boeiend vertellen, iedereen luistert naar u. U kunt ook heel goed luisteren maar u communiceert niet. U zit of in de ene of in de andere rol. Het stroomt niet door, u bent niet soepel.'

'Ik snap er niks van,' zei ik.

'O, het is heel eenvoudig: in uw werk bent u, denk ik, de luisteraar. U doet dat vast uitstekend, de zorgende moeder. In uw vertellersrol, zoals ik u zie bij Simone, vraagt u aandacht, bent u het kind. Maar het verbindende element ontbreekt. Nooit bent u de jonge vrouw die u nu zou moeten zijn met daarin natuurlijk elementen van het kind en de moeder. Het lijkt of u ergens in uw leven bent blijven steken.'

Terwijl ze praatte wreef ze mijn voeten warm. Het leek of ik bij haar op consult was. De mannen om ons heen keken bevreemd naar ons. 'Zit ik er ver naast?'

Ik wilde weg, ik wilde deze onzin niet aanhoren.

'Uw lichaam herstelt het evenwicht door pijn te hebben, ziek te worden. Luister naar uw lichaam, het zegt iets over uw geest. Wat is het kind in u aangedaan dat het niet groeien wil? Dat het of kind wil blijven of de moeder voor het kind wil zijn?'

Ik dronk mijn citroen. 'Ik moet weg.'

Ze legde haar hand op mijn arm.

'Ik breng u in de war. Het spijt me.'

Toen ik bij Rebah kwam zei ik schertsend: 'Ik heb pijn, zoveel pijn dat ik dood ga.'

'Waaraan ga je dood, Judith?'

'Aan mijn hoofd, aan mijn voeten, aan mijn hart, aan mijn alles.' Plotseling kwam er een raar trillertje in mijn stem alsof het geen grapje meer was.

'O, Judith,' zei Rebah, 'ga even liggen.'

Ik keek naar de rieten mat in een donkere hoek van de hut. Waarom ook niet.

'Even.'

Rebah kwam naast me zitten en masseerde stevig mijn schouders en nek, zoals generaties vrouwenhanden voor haar gemasseerd moesten hebben. Het voelde prettig. Was ik nu het kind? Ach, wat wilde dat mens toch van me. Daarna beduidde ze me te gaan liggen en trok een safsari over me heen. Toen ik wakker werd was de hoofdpijn weg en lag de baby naast me.

'Ik heb thee voor je gemaakt,' zei Rebah.

Ik nam het hoopje kind in mijn linkerarm en dronk met kleine slokjes de bittere thee.

'Je zou een kind moeten hebben,' zei Rebah, 'een man en een kind, dat zou goed voor je zijn.'

Ach wat, iedereen leek wel uit op mijn zieleheil. Zag ik er zo verkommerd uit? Ik stak mijn tong uit naar Rebah. Ze glimlachte. Een zachte, wijze glimlach. Het verweesde kleine meisje bestond niet meer. Ze was een vrouw geworden. En ik?

De volgende morgen bleek ik toch ziek. Heel verkouden maar ook moe. Ik moest even bijkomen. In bed las ik voor de zoveelste keer 'Joachim van Babylon' van Marnix Gijsen. Ik bleef het prachtig vinden, vooral dat slot: '...leer van uw eigen dwaasheden, maar denk nooit dat gij de waarheid vast hebt. Het is telkens een nieuwe leugen. Kies er, wat mij aangaat, de mooiste uit, de volste, en houd u eraan. En voor 't overige, zoek het kostbaarste kruid dat groeit op deze aarde: moed. Waar gij het ook vinden moogt, pluk het...'

Op een morgen, begin oktober, zag ik vanuit mijn kamer de vader van Souad de oprijlaan oplopen. Ik waarschuwde Souad. Gespannen liep ze met me mee. Bij de buitendeur stond ze stil. Zwijgend namen vader en dochter elkaar op. Toen renden ze op elkaar af, vielen elkaar in de armen en huilden.

Later praatte ik met de vader.

'Ik zoek ander werk,' zei hij, 'en een ander huis in een andere omgeving. Als ik dat gevonden heb kom ik terug om mijn dochter te halen.'

Een paar weken later kwam hij Souad inderdaad halen. Hij had haar zusje meegenomen. Ze miste aan haar rechterhand twee vingers. Over haar rechteroog liep een litteken.

Met Fatma keek ik ze na terwijl ze gedrieën de oprijlaan afliepen. De vader voorop, twee passen achter hem zijn dochters.

'De liefde voor zijn dochter heeft het gewonnen van de sociale controle,' zei Fatma. 'Dat is heel uitzonderlijk.'

Uitzonderlijk. Was het niet te uitzonderlijk? Had ik er goed aan gedaan hen zo heel alleen op pelgrimstocht te sturen tegen de zeden en gewoonten van hun land? En de vader? Hij kon geen nieuwe vrouw betalen. Zou Souad...? Ineens was ik er niet meer zo zeker van dat het goed was wat ik gedaan had. Waar bemoeide ik me mee. Waarom liet ik het leven zijn loop niet hebben?

'Moge Allah met hen zijn en met hun kinderen en hun kindskinderen tot in de lengte van dagen.'

'Wat doe jij ineens plechtig,' zei Fatma.

Op een avond kwam Jean. Hij was lang niet geweest. 'Ik heb een verzoek gekregen om je contract te verlengen. Formeel komt het van het ministerie maar in feite van je directe werkkring. Ik zal het graag doen, er wordt lovend over je gesproken.'

Heel vroeg liep ik de volgende ochtend mijn tuin in. De atmosfeer was in het najaar tintelend en fris. Ik snoof de pittige lucht, keek naar mijn huisje, mijn tuin, de blauwe winde, de bakken met afrikaantjes die spanjaardjes heetten, mijn oude olijfboom, de moskee in de verte, de heuvels op de achtergrond. Ik neuriede zacht een volksliedje op muziek van Schumann dat mijn oma vroeger zong als ik bij haar logeerde:

'Wenn ich früh in den Garten geh',
In meinem grünen Hut,
Ist mein erster Gedanke,
Was nun mein Liebster tut'.

Mijn liefste, wat zou mijn liefste doen?

Later die morgen liep ik vanuit het tehuis de velden achter de boomgaarden in. Ik had dat nog nooit gedaan. Er stonden wat hutjes en ik zag vrouwen bij een kleine wasplaats. Ik ging op een heuvel een eindje van de vrouwen af op een steen zitten. In de verte beneden mij reed een man op een ezel. Kippen kakelden, een haan kraaide. Wat wilde ik? Ik wil wel eens een gewoon leven, had ik nog niet zolang daarvoor tegen mon-grand-père gezegd. Een man, kinderen, iemand voor mijzelf. Hij glimlachte en schudde zijn hoofd. 'Niemand heeft ooit iemand voor zichzelf.'

Maar hij was een oude man, een halve heilige. Ik had aardse verlangens. Ging ik dus weg? Maar de meisjes dan? En dit heerlijke land?

Er waren kindertjes om me heen komen staan. Ze keken me wat bedremmeld aan, fluisterden tegen elkaar. Een eindje verderop speelden meisjes een spelletje met steentjes. Ze zongen er een liedje bij. Ik kende het niet, kon de woorden niet verstaan. Af en toe keek er één uit de verte schuw naar me op. Ineens zag ik mij zelf zitten in de tekst van een kinderliedje:

'Er zat een klein zigeunermeisje,
huilend op een steen,
schreiend, schreiend,
heel de dag alleen.
Sta op meisje lief,
droog je tranen af,
kies er een die jou bemint,
en ren, ren weg.'

Ik lachte naar de kinderen en groette. De spanning om die vreemde vrouw gleed van hun gezichten, ze lachten ook, groetten. In een steeds langer wordende slinger liepen ze achter me aan toen ik mijn weg terugging naar het tehuis.

Ik vertelde de directrice dat ik mijn contract niet wilde laten verlengen. Ze schrok.

'Het gaat zo goed met het tehuis sinds u er bent, er zijn geen ontsnappingen meer, geen zelfmoordpogingen, geen vechtpartijen. Er zijn minder meisjes, er is meer doorstroming. De kinderen zijn rustiger geworden nu ze weten dat er aan hun zaak gewerkt wordt.'

Er zit ook niemand meer in het cachot, dacht ik, en er wordt minder snel en hard geslagen. 'Iemand na mij kan hetzelfde werk doen, het loopt nu goed.'

'Al bleef u nog maar één jaar om uw opvolgster in te werken...'

'Het spijt me,' zei ik. Had iemand mij soms ingewerkt?

Een paar dagen later hield ze me staande. 'Als u werkelijk weggaat wil ik voor die tijd eens met u mee.'

'Met me mee?'

Ik keek in haar plotseling verlegen gezicht en zag voor het eerst dat ze, verstopt achter ouwelijke kleren en opmaak, eigenlijk nog heel jong was.

'Ja, ik ben nog nooit in die krottenwijken geweest. Ik weet niet eens waar ze zijn en ik moet toch weten hoe en waar onze meisjes wonen.'

Mijn opvolgster kwam kennis maken. Ze heette Fauzia. Ze kwam als één van de eersten van de school voor maatschappelijk werk in Tunis. Ik liet haar het tehuis zien, ging met haar de klassen langs.

'Als de meisjes naar huis gaan, doe je dan eerst een psychosociaal onderzoek,' vroeg ze, 'of richt je je meer op de sociaaleconomische kant?'

'Doe ik wat?' vroeg ik. En daarna: 'Ik doe maar wat, zomaar op het gevoel, met de natte vinger.'

Ze keek me verbijsterd aan. 'Heb jij dat dan vroeger niet geleerd?'

Ik groef in mijn herinnering. Had ik ooit iets geleerd? 'Ik weet het niet,' zei ik.

'Ze kan niet knipogen,' zeiden de meisjes.

'Ik zal het haar leren,' beloofde ik.

De meisjes waren opstandig, boos, verslagen. 'Hou je niet meer van ons?'

'Ik hou nog heel veel van jullie.'

'Maar je gaat weg, je houdt niet meer van ons.'

Anderen negeerden domweg mijn vertrek, deden alsof ze me niet verstonden.

'Ga je met me mee naar de rechtbank, als ik voor moet komen?'

'Praat je met m'n vader?'

'Zoek je m'n moeder?'

'Fauzia zal het doen, ik ben dan weg.'

'Mag ik met je mee als je mijn moeder gaat zoeken?'

Op een morgen vond ik een tekening van Myriem op mijn bureau, zoals wel vaker sinds ik haar het schetsboekje gaf. Ditmaal een duidelijk zelfportret. Een hoofd met stoppeltjes, een grof gezicht, een horrelvoet. Maar in plaats van dat hoofd, lijf en leden keurig zaten waar ze hoorden, lagen ze als een stel losse onderdelen opgestapeld in een hoek van het tekenvel. 'Zo zal ik zijn als jij weg bent,' had ze er fonetisch naast laten schrijven.

De directrice wilde me een receptie aanbieden. Ik dacht aan de vreselijke receptie ter gelegenheid van het bezoek van de minister. Dagenlang was er door de meisjes gebakken en gebraden, de grote hal werd gewit, het huis versierd, werkstukken van de meisjes werden tentoongesteld maar op de dag zelf zaten ze vrijwel opgesloten op hun kamers en mochten geen kik geven.

'Ik zou dan graag willen dat de meisjes erbij zijn.'

Er werden balen stof gebracht. De meisjes kregen nieuwe jurken voor de winter. Er moest hard aan gewerkt worden. De jurken moesten klaar zijn voor de receptie.

Ik ging afscheid nemen van Hedia. Toen ik bij haar kwam was ze bezig de hut te vegen met een handvol bij elkaar gebonden takjes. Ze was alleen thuis met haar broertjes. De jongste droeg ze in een doek op haar rug. De oudste speelde buiten in de modder.

'Judith, ik ben zo blij dat ik thuisgekomen ben terwijl mijn moeder nog leefde.'

'Ja.'

'Denk je dat het mijn schuld is dat ze doodgegaan is? Je kunt doodgaan van verdriet.'

'Nee, Hedia dat denk ik niet. Ze was ziek, al heel lang. Ze heeft misschien juist op de een of andere manier gewacht met doodgaan tot ze jou terug had.'

'Ja, ze wist dat ze de zorg voor mijn vader, broertjes en zusje aan mij kon overlaten. Ik denk dat ik later geen man neem. Mijn vader kan geen nieuwe vrouw betalen. Ik zal altijd voor hem en mijn broertjes blijven zorgen. Ik denk dat Allah dat van mij wil. Hij wil dat ik boete doe.'

'Denk je dat?'

'Dat weet ik Judith.' Ze was inmiddels koffie voor me gaan zetten op een kanoen.

'Als je een tijdje voor ze blijft zorgen, zou dat voor iedereen fijn zijn maar altijd...?'

'Ja, zolang ik leef, trouwens wat moet ik met een man, wat heb je er aan?'

'Het kan fijn zijn met een man.'

'Hoe weet je dat?'

'Dat denk ik.' Ik voelde me betrapt.

'Nee Judith, dat weet je.' Ze keek me doordringend aan. De emaille koffiepot bleef op weg naar het kanoen ergens in de lucht steken.

'Zeg, wijsneus!'

'Nee, Judith, ik ben een vrouw nu. Ik zorg voor een gezin, je kunt met me praten, ik ben een vrouw.'

'Goed dan, dat weet ik.'

Ze zweeg even, rommelde met koffie en water, blies een paar maal op de kooltjes die niet wilden branden.

'Waarom ben je niet met hem getrouwd?'

'Dat kon niet.'

'Waarom niet?'

'Hij was al getrouwd.'

'O, Judith!' Ze morste water op de kooltjes die sissend doofden.

'Zie je wel dat ik je het niet had moeten vertellen.'

Ze ging op haar hurken zitten en keek me recht aan.

'Als je een dochter van dit land was geweest, was je naar de gevangenis gegaan.'

'Ja.'

'Dan was je net als de meisjes in het tehuis.'

'Ja.'

'Daarom vond jij ons nooit slecht.'

'Niet alleen daarom, ik hield van jullie allemaal en het is niet aan ons om te oordelen.'

Ze roerde nadenkend in de koffie. 'Ik dacht dat jij...'

'...volmaakt was, nooit iets fout deed,' vulde ik aan.

Ze knikte blozend.

'Val ik je nu tegen'?

Ze schudde haar hoofd.

'Ook niet als ik zeg dat ik wegga?'

Ze schrok. 'Ga je weg...? Hoe moet het dan met de meisjes?' Plotseling huilde ze.

'Maar ik kan toch niet altijd hier blijven?'

Ze gaf geen antwoord, snufte wat. Toen keek ze me met een verdrietige glimlach aan, pakte twee kopjes en zette die naast elkaar op een blikken bladje. Met een grote boog schonk ze de koffie in.

Die nacht sliep ik onrustig en werd vroeg wakker. Ik keek op mijn wekkertje. Kwart voor vijf pas. Ik sloot mijn ogen en dacht aan de meisjes. Over precies een week zou het afscheid zijn.

In mijn ondergoed loop ik door het tehuis. Waar is mijn nieuwe winterjurk? Ik moet hem aan op de receptie. Mijn kamer is opgeruimd, mijn bureau is leeg. Maar waar een enkel peertje hing, schittert een kristallen kroonluchter. Hij wiebelt vervaarlijk en uit de weefklas boven mij klinkt een toenemend lawaai. Ik ga kijken.

'Wat is hier aan de hand?' De banken staan scheef tussen de weeftoestellen, de weefkammen en bollen wol liggen links en rechts op de grond. Sommige meisjes staan half uitgekleed. Ze schreeuwen allemaal. De lerares staat er radeloos bij, haar handen tegen de oren: 'Ya Allah, ya Allah.'

'Stil,' zeg ik en dan nog eens: 'Wat gebeurt hier?'

Ze zijn stil, ze kijken me aan. 'We moeten onze nieuwe jurken aan maar als we onze nieuwe jurken aandoen ga jij weg, daarom willen we onze nieuwe jurken niet aan.'

Ik kijk naar de stapel kleren op de grond. Daar ligt mijn winterjurk, in veelvoud.

Dan is er de receptie. Er zijn toespraken. Jean is er, de minister is er, Claire, Simone, mon-grand-père. Plotseling zie ik ook Dineke en Wouter. Waar is Job?

Ik krijg cadeaus. Van de meisjes een geborduurd tafelkleed met twaalf servetjes. 'Voor je uitzet,' fluistert Sahara. Ze weet dat ik in mijn land ga trouwen en tien kinderen krijg. De meisjes hangen om me heen, doen geïrriteerd tegen elkaar. Ik wijs hun op het lekkers dat er staat. Ze talen er niet naar. De directrice wenkt me. 'We hebben liever dat u ongemerkt weggaat, we zijn bang dat we anders de meisjes niet in de hand kunnen houden. De achterdeur is open. Youssef zal de tuinpoort voor u openmaken.'

Op een geschikt moment sluip ik weg. Het is al donker buiten. Ik loop over de zijpaden en daarna voor het laatst over de oprijlaan naar de poort. Achter me in het huis hoor ik geroezemoes van stemmen. Als ik bijna bij de poort ben, klinkt in een schreeuw mijn naam. Ik kijk om, zie een meisje naar me toerennen, dan twee, een hele groep.

'Kom maar gauw,' zegt Youssef. Hij pakt me bij mijn schouders. Maar plotseling zie ik dat het niet Youssef is maar mijn vader.

'Ik houd niet van mensen die zaken half afmaken,' zegt hij.

Ik ruk me los en ren de boomgaarden in. Op een bankje op een heuvel zit een meisje in een bruin manteltje.

'Wat moet jij hier nou,' zeg ik. Het klinkt niet erg uitnodigend. Maar ze kijkt me rustig aan.

'Ik was hier altijd al maar jij ziet me niet. Jij houdt niet meer van mij.'

'O ja,' zeg ik, 'ik hou heel veel van jou.' En plotseling weet ik dat het waar is.

'O nee, jij vertrouwt me niet.' Ze draait haar hoofd weg en kijkt omhoog naar de voorbijtrekkende wolken, de maan en de sterren. 'Weet jij wat er was, als de wereld er niet was?'

Ik loop naar haar toe, wil een arm om haar heen slaan. Maar dan is ze weg.

'Kom je nou nog,' roept Youssef en dan heel ongeduldig in hard Arabisch: 'Izji, izji,' kom hier, kom!

Ik keek op mijn wekkertje. Bijna vijf uur. Ik hoorde de schelle stem van mijn buurvrouw. 'Izji, izji!' Zou haar schaap losgebroken zijn? Of haar man, of haar kind? Vanuit mijn bed tilde ik een hoek van het gordijn op. Ik zag niets. Ik stond op en liep naar de badkamer. Wat een idiote droom. Ik staarde naar het gezicht in de spiegel.

'Ik mag jou wel hoor,' zei ik tegen het gezicht. Maar de ogen keken streng, alsof ik Rafika was. 'Dan niet,' zei ik en keek naar buiten. Wat zou ik doen? Weer naar bed, zwemmen? Zwèmmen? Om vijf uur in de ochtend, in december? 'Waarom niet?' zei ik tegen het gezicht. 'In Nederland zouden we het nu prachtig weer vinden. Dit wordt toch een rare dag.'

Ik pakte mijn spullen en reed in het schemerdonker naar Carthago. Ik parkeerde mijn auto bij hotel Hamilcar en liep over de terrassen van het hotel naar het kleine privéstrand. Ik kleedde me uit en stond even aarzelend met mijn bikini in mijn hand.

's Nachts naakt zwemmen. Ik had het eenmaal gedaan tijdens een zomerkamp. Een ongekend licht lijf in donker water, dat geëlektrokuteerd leek door de aanwezigheid van andere lijven, naakt, ergens in de nabijheid.

Ik gooide de bikini bij de kleren en liep het water in. Ik zwom met rustige slagen, draaide me toen op mijn rug en dreef. Ik keek naar de twee toppen van de Boukornine waar wolkensluiers langzaam wegtrokken en daarna naar mijn borsten die brutaal boven het water uitstaken. Ik glimlachte en dacht aan het kleine meisje uit mijn droom. Het meisje in het bruine manteltje. Wanneer was ik haar kwijtgeraakt? Toen, in de cabine van die vrachtauto? Op weg naar mijn ouders waar ik hoorde maar nooit thuis was?

Zacht trappelde ik met mijn benen en keek opnieuw naar mijn borsten en toen naar de Boukornine. De wolken waren weg nu en de zon kwam langzaam tevoorschijn achter de heuvels van Sidi Bou Saïd. Ik zwom in kalme slagen terug naar het strand en bleef in het ondiepe water op mijn rug liggen. De zon stond alweer hoger en ik voelde de eerste stralen. 'Ik ben geboren uit zonnegloren...' Maar de zee was niet ziedend maar kalm en zo blauw als hij was op alle ansichtkaarten. Het water kabbelde over mijn benen en speelde door mijn schaamhaar. Ik strekte mijn armen hoog boven mijn hoofd, sprong toen overeind en rende nog eenmaal het water in.

In het hotel waren alle luiken dicht. Veel gasten zouden er nu niet zijn. Toch moest ik opschieten. Ik liep over het strand naar de douches bij het zwembad. Waste mijn gezicht en mijn haren met mijn handen, daarna mijn armen, mijn benen, mijn lijf. Alles tintelde. Ik keek naar de zon. Het moest nu ongeveer zeven uur zijn. Ik liep terug naar mijn kleren, kleedde me langzaam aan en kamde mijn haren. Op weg naar de auto kwam ik de eerste schoonmakers tegen.

'Sbalagir,' zei ik, goeiemorgen.

Ze glimlachten.

Ik reed naar Sidi Bou Saïd. Al bij het openen van het portier rook ik de geur van vers gebakken brood en koffie. Ik ging zitten op de hoogste trede van Café des Nattes, het koffiehuis met de trappen, en staarde uit over de zee die nu weer rimpelloos was. Alsof ik er nooit uit was opgestaan. Ik dronk met kleine teugjes de sterke koffie en knabbelde aan mijn brood. De baas van het koffiehuis kwam naast mij zitten.

'Eddinnya behi lyum,' zei hij.

'Ja,' zei ik, 'het wordt een mooie dag.'

Ik reed naar Tunis. Ik parkeerde mijn auto voor het bureau van Jean. Ik liep de marmeren trappen op naar zijn kantoor. Kwart over acht. Hij zou er nu wel zijn. Ik drukte op de klink van de toegangsdeur. Jeans kamerdeur stond open. Ik ging zitten op de stoel voor bezoekers. Ik keek naar de stapel post op zijn bureau en alle dingen die hij nodig zou kunnen hebben. Zijn bakje met glanzende pennen en potloden, zijn stapel schrijfpapier. Ik keek naar de inrichting van zijn kamer, de zonwering voor de ramen, de airconditioning in de muur, het gemakkelijke zitje waar hij hoge Tunesische bezoekers ontving, die hij geld en projecten aanbood. 'Mes amis Tunisiens' zoals hij ze trots noemde. Ik keek naar dit stukje Europa binnen deze Arabische wereld. Ik keek naar Jean die jaren geleden naar dit land was gereisd en toch nooit was aangekomen. Ik keek recht in zijn vragende ogen.

'Ik heb besloten dat ik blijf,' zei ik.